श्री रमण महर्षि

परम गुरु

ऐलन जेकब्स

अनुवाद
अचलेश चंद्र शर्मा

YogiImpressions®

⚱

YogiImpressions®

SRI RAMANA MAHARSHI
First published in India in 2010 by
Yogi Impressions Books Pvt. Ltd.
1711, Centre 1, World Trade Centre,
Cuffe Parade, Mumbai 400 005, India.
Website: www.yogiimpressions.com

First Edition: October 2010
First Hindi Edition: February 2016

Copyright © 2010 by Alan Jacobs

Cover concept and book design by Shiv Sharma.
Photos courtesy: Sri Ramanasramam Archival Centre, Tiruvannamalai.
Picture of Arunachala Hill on back cover by Benjamin Larrea.
Photo of Swami Ramdas courtesy Anandashram.
Photo of Sri Hariwansh Lal Poonja courtesy Avadhuta Foundation.

ISBN 978-93-82742-36-4

विषय-सूची

पावन अरुणाचल पर्वत पर तनिक विश्राम के लिए रुके दो तीर्थ यात्री दूर से
तिरुवण्णामलै मंदिर-नगरी के अनूठे दृश्य को निहारते हुए।

आश्रम के पुराने हॉल में विश्राम करते श्री रमण महर्षि

परिचय

पूरे विश्व में, श्री भगवान रमण महर्षि को न केवल एक महान ज्ञान प्रदाता के रूप में देखा जाता है बल्कि उन्हें परम गुरु भी माना जाता है। काल-चक्र बताता है कि लगभग हर हज़ार वर्ष बाद परम प्रज्ञा से युक्त कोई परम गुरु इस पृथ्वी पर प्रकट होता आया है और आगे आने वाले हज़ार वर्षों के लिए वह एक नयी धर्मसंहिता रच जाता है। सांसारिक समस्याओं के मकड़जाल में उलझे हुए और बारंबार जन्म लेने व मरने के दुखदायी व अंतहीन दुश्चक्र में फंसे हुए मनुष्यों की मदद करने के लिए, उन्हें जगाने तथा इस बंधन से स्वयं को मुक्त करने के वास्ते प्रेरणा देने के लिए, ईश्वर की ओर से आने वाली यह एक दैवी कृपा होती है।

पिछली बार इस ऐतिहासिक उद्देश्य को पूरा करने के लिए सातवीं-आठवीं शताब्दी में पूजनीय आदि शंकर का अवतरण हुआ था। उन्होंने अद्वैत-वेदांत में निहित उच्च ज्ञान के उन शाश्वत सिद्धांतों की व्याख्या की थी जिन पर चलते हुए आत्म-बोध तक पहुंचा जा सकता है। मुनि व्यास द्वारा रचित ब्रह्मसूत्र पर की गई अपनी टीकाओं में उन्होंने अद्वैत-वैदिक तथा उपनिषदों के ज्ञान को

सुबोध व सुगम ढंग से सुव्यवस्थित करके उसे संहिताबद्ध किया था ताकि तत्कालीन तथा भविष्यकालीन जन उसे सरलता से आत्मसात कर पाएं। वर्तमानकाल में भगवान श्री रमण का अवतरण हुआ है जो कि शंकर की शिक्षाओं को आगे तो बढ़ा ही रहे हैं लेकिन साथ ही आज की पीढ़ी और आने वाली पीढ़ियों के लिहाज़ से उनमें कुछ महत्वपूर्ण नूतनता का संयोजन भी कर रहे हैं।

ख़ास बात यह है कि महर्षि ने आत्म-विचार ('सैल्फ़-एंक्वायरी') के महान विज्ञान को बहुत सुगम बना दिया है और उसे सर्वसुलभ कर दिया है। यह अब कोई ऐसी गोपनीय बात नहीं रह गई है जिसे केवल पारंपरिक गुरुओं के दीक्षा-प्राप्त ब्राह्मण शिष्यों को ही बतायी जा सकती हो। श्री भगवान ने अपनी शिक्षा की परिधि केवल एशिया तक ही सीमित नहीं रखी है बल्कि इसे पश्चिम जगत तक भी पहुंचने दिया है और स्वाभाविक है कि इसीलिए उन्हें जगद्गुरु के रूप में जाना जाता है।

महर्षि अपने अद्वैत के और आत्मज्ञान के इस ज्ञान को मौन द्वारा संचारित करने की क्षमता रखते थे – उनमें यह एक ऐसी दुर्लभ आध्यात्मिक शक्ति थी जिसकी परंपरा उस दिव्य आद्यगुरु भगवान दक्षिणमूर्ति ने आरंभ की थी जिन्हें भगवान शिव का अवतार माना जाता है। महर्षि पशु-पक्षियों के साथ सहज भाव से वार्तालाप कर सकते थे – ईश्वर प्रदत्त उन्हें यह एक ऐसा उपहार था जो कि किसी-किसी संत को ही सुलभ हो पाता है।

उन्होंने एक ऐसा निर्दोष व निष्पाप जीवन जिया कि उनके गौरवमय चरित्र पर कभी कोई आंच नहीं आई। जो कोई भी उनके समीप आता था उसके लिए वह प्रेम, प्रज्ञा, आस्था और करुणा का एक सतसागर ही हुआ करते थे।

अपनी अवर्णनीय जीवंतता और उपदेशों द्वारा अद्वैत के उत्कृष्ट सिद्धांतों के प्रति उन्होंने पूरे विश्व की रुचि को जगा दिया है। उन्होंने एक ऐसी दावानल को प्रज्वलित कर दिया है जो कि सांसारिकता के उस घने जंगल को प्रबलतापूर्वक भस्मीभूत कर रही है जिसने कि मानवजाति को अपने पाश में बांध रखा है।

उनके इस संक्षिप्त जीवनचरित में मेरा प्रयास होगा कि मैं उनकी ऐतिहासिक महानता का चित्रण कर पाऊं और मानवजाति के आध्यात्मिक ज्ञान को उन्होंने जिस मुकाम तक पहुंचाया है उसका वर्णन कर सकूं। इसके अलावा, मैं इस व्याकुल और व्यथित धरती पर मानव दशा की पीड़ा को कम करने के लिए किए गए उनके महत्वपूर्ण योगदान को भी सारांश रूप में प्रस्तुत करूंगा।

मैं यह भी आशा करता हूं कि उनकी महान शिक्षा के मूलभूत सिद्धांतों को मैं उन पाठकों के हित के लिए स्पष्ट कर पाऊंगा जो कि अपने वास्तविक स्व की, आत्मा की प्रकृति के सत्य को, और जिस आभासी संसार में हम जी रहे हैं, उसको जानने के प्रति गंभीर जिज्ञासा रखते हैं।

— एलेन जैकब्स
अध्यक्ष, रमण महर्षि फ़ाउंडेशन, यूके
लंदन, जनवरी 2010

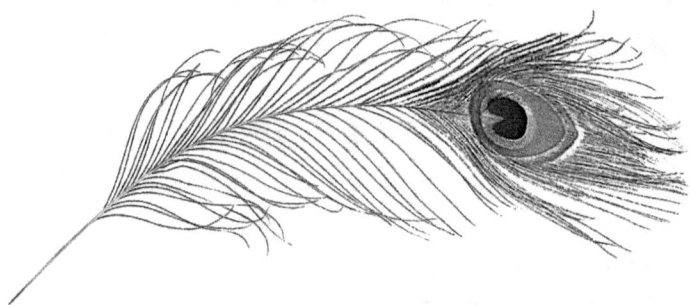

अध्याय एक

पारिवारिक पृष्ठभूमि

"हे अरुणाचल! तुम और मैं इस तरह से एकाकार और अपृथक हो जाएं जैसे अलगु और सुंदरम!"

– द मैरिटल गारलैंड ऑफ़ लैटर्स, अंक 2

नटराज के रूप में भगवान शिव के दिव्य नृत्य-उत्सव, यानी आरुद्रा दर्शनम् के दिनों के आयोजन के दौरान सोमवार, 30 दिसंबर 1879 की अर्ध रात्रि के एक घंटे उपरांत एक पुरातन व प्रतिष्ठित ब्राह्मण के घर में एक बालक का जन्म हुआ जो आगे चल कर विश्व में श्री भगवान रमण महर्षि के रूप में विख्यात हुआ। पुराणों के अनुसार, इस दिन भगवान शिव अपने प्रिय भक्तों, गौतम और पतंजलि, के समक्ष प्रकट हुए थे, इसलिए यह दिन हमेशा ही एक शुभ दिवस के रूप में मनाया जाता रहा है। सुन्दरम और अलगु के घर में जन्मे इस स्वस्थ बालक का नाम उनके कुल देवता के नाम पर वेंकटरमण रखा गया।

वेंकटरमण के पिता सुन्दरम तमिलनाडु में तिरुचुली नगर के मंदिर में कोर्ट-प्लीडर के रूप में नियुक्त थे और एक उच्च प्रतिष्ठित

व सम्पन्न ब्राह्मण थे। उनके तीन पुत्रों में वेंकटरमण दूसरे स्थान पर थे। सुन्दरम के पिता, नागस्वामी अय्यर, गोथ्रम वंश से थे जो कि ऋषि पराशर से चला आ रहा था और उसी में महान ऋषि व्यास का भी जन्म हुआ था। नागस्वामी के पांच पुत्र थे – वेंकटेश्वरन, सुन्दरम्, सुब्बैयब और नेल्लियप्प अय्यर, और एक पुत्री थी जिसका नाम था लक्ष्मी अम्माल। अपने पिता के देहान्त के उपरान्त वेंकटेश ने कुछ समय तक परिवार की ज़िम्मेदारी को वहन किया लेकिन फिर वह सन्यासी हो गए। तब दूसरे पुत्र सुन्दरम् ने परिवार की जिम्मेदारी अपने कंधों पर ले ली थी।

वेंकटरमण की माता का नाम अलगम्माल था जो कि बाद में अपने ही सत् से अध्यात्म की बहुत उच्च स्थिति तक पहुंच गई थीं। यह इत्तफ़ाक नहीं तो और क्या है कि माता और पिता दोनों के ही नाम का अर्थ है 'सुन्दर', माता का तमिल में और पिता का संस्कृत में। तिरुचुली एक पावन स्थान है और इसकी पुष्टि पुराणों में भी की गई है जहां कि एक के बाद एक आने वाली जलप्रलय सरीखी तीन बाढ़ों से इस नगर को बचाने के लिए भगवान शिव चमत्कारिक रूप से स्वयं आगे आए थे।

वेंकटरमण के माता और पिता दोनों ही भगवान शिव के प्रति अपनी अगाध श्रद्धा के लिए विख्यात थे। उनकी माता को अनेक ऐसे भजन आते थे जो कि अद्वैत के सत्य से सराबोर होते थे। उन भजनों को गाने के लिए ईश्वर ने उन्हें बहुत आंनददायी सुरीला स्वर भी प्रदान किया था। अपने इस पुत्र के जन्म से जुड़े सूत्र जोड़ते हुए उन्होंने बताया था कि गर्भावस्था के दौरान उनके पेट में बहुत ही असाधारण दर्द होता था। इसका अर्थ यह निकाला जाता था कि कोई तेजस्वी उनके गर्भ में आया है। उन दिनों लोग उन्हें बताते थे कि उनमें एक ऐसी द्युति व दीप्ति दीखती थी जो

वेंकटरमण के पिता सुन्दरम् अय्यर

वेंकटरमण की माता अलगम्माल

कि पहले उनमें कभी दिखाई नहीं दी थी। इस बालक के जन्म के समय दाई ने एक चौंधिया देने वाले प्रकाश को महसूस किया था। उस अद्भुत दृश्य को देख कर उसने अलगम्माल से कहा था, ''आज जिसने तुम्हारे घर में जन्म लिया है वह कोई दिव्य आत्मा है!'' उसकी इस बात ने उस समय बड़े अचरज और अटकल का वातावरण बना दिया था: लेकिन यह एक ऐसी भविष्यवाणी थी जो कि बालक के बड़े होने के साथ-साथ पूरी होती चली गई।

वेंकटरमण का लालन-पालन उनके बड़े भाई नागस्वामी और सुन्दरम् की स्वर्गीय बहन लक्ष्मी अम्माल के दो बच्चों, रामस्वामी और मीनाक्षी के साथ हुआ था।

1892 को कम उम्र में ही सुन्दरम् अय्यर का देहांत हो गया और अपने पीछे वे तीन पुत्र और एक पुत्री छोड़ गए – चौदह वर्ष का नागस्वामी, बारह वर्ष के वेंकटरमण, छः वर्ष का नागसुन्दरम् और चार वर्ष की अलमेलु। आगे आने वाले पृष्ठों में हम देखेंगे कि किस प्रकार इस कुलीन परिवार ने वेंकटरमण का उल्लेखनीय और ऐतिहासिक भवितव्य रचने में एक महत्वपूर्ण भूमिका अदा की।

अध्याय दो

बचपन

"हे अरुणाचल, जन्म लेने वाले समस्त जीव जो तेरे निकट कुछ पल भी रह जाते हैं, वे मुक्त हो जाते हैं। यह आश्चर्यजनक है! इस ह्रदय में तू ही आत्मस्वरूप 'मैं' के रूप में नर्तन करता है। हे प्रभु, ये सब लोग तुझे ही 'ह्रदय' कहते हैं।"

– अरुणाचल पंचरत्नम्, अंक 2

बालक वेंकटरमण का बचपन किसी भी अन्य बालक के बचपन की भांति ही सामान्य तौर पर बीता। वह एक सुडौल देह वाला ह्रष्ट-पुष्ट लड़का था, और पांच वर्ष का होने तक वह अपनी ममतामयी माता का दुग्धपान करता रहा था।

उनके साथ एक चचेरी बहन, मीनाक्षी, भी रहा करती थी जिसकी मां अब नहीं रही थी। वेंकटरमण की मां उसे भी अपना दुग्धपान कराया करती थी। यह बात बाद में पता चली कि बालक वेंकटरमण ने अपनी चचेरी बहन मीनाक्षी की दुर्भाग्यपूर्ण असामयिक मृत्यु के समय एक बार तो उसे पुनः जीवित कर दिया था। यह बालक उसके पास गया और उसे छुआ। वह उठ बैठी और चकित

तिरुचुली का वह सेतुपति ऐलिमैंट्री स्कूल जिसमें बालक वेंकटरमण पढ़ते थे।

होकर बोली, ''कौन है जिसने मुझे छुआ है?'' यह घटना तब हुई थी जब वह अपने जीवन की अंतिम सांस ले रही थी।

बालक के रूप में वेंकटरमण अत्यंत स्नेही, मित्रतापूर्ण और भले स्वभाव वाले थे। गांव में सभी को वह बहुत प्रिय थे। अपने मुक्त हृदय, मिलनसारिता और विनोदी स्वभाव के कारण वह हमेशा प्रशंसा के पात्र रहे। उन्होंने तीन वर्ष तक तिरुचुली के सेतुपति ऐलिमैंट्री स्कूल में पढ़ाई की जहां उन्होंने तमिल, अंग्रेज़ी और अंकगणित का आरंभिक ज्ञान प्राप्त किया। बालपन में उनके बहुत सारे संगी-साथी हुआ करते थे जिनमें से उनके पड़ोसी का बेटा चेल्लम और बेटी सुब्बुकुट्टी उनके घनिष्ठ मित्र रहे थे। उनकी काकी वेंकटरमण को बहुत पसंद करती थी और उन्हें अक्सर अपने घर बुलाया करती थी। वहां एक और लड़का भी था जिसका नाम कथिरवेलु था, उसका नाम बालक वेंकटरमण की नोटबुक में लिखा हुआ अभी भी देखा जा सकता है।

जब वह ग्यारह वर्ष के हो गए तब उन्हें डिंडीगुल के सैकेंडरी स्कूल में भेज दिया गया जहां उनके बड़े भाई नागस्वामी पहले से ही पढ़ रहे थे जिन्हें वहां मेहनती छात्र माना जाता था। वेंकटरमण हालांकि मेधावी छात्र थे लेकिन स्कूल के काम-काज में वह कोई अधिक रुचि नहीं लेते थे। उनकी रुचि फुटबॉल और दूसरे खेलों में अधिक रहती थी। वहां भूमिनाथेश्वर मंदिर के लंबे-चौड़े गलियारों और उसके चारों तरफ़ के हरे-भरे खुले मैदानों के बीच में स्थित शूल तीर्थ नामक मंदिर के ताल में वह और उनके मित्र अक्सर डुबकियां लगाया करते थे। उनका हृदय सचमुच करुणावान था। यह बात उनके द्वारा बाद में सुनाई गई इस कथा से व्यक्त होती है जब उन्होंने पड़ोस के एक लड़के की मदद की थी — ''एक दिन एक लड़का जो मुझसे कोई तीन वर्ष छोटा रहा होगा, एक गन्ना

भूमिनाथेश्वर का वह ताल जिसमें बालक वेंकटरमण अपने मित्रों के साथ तैराकी किया करते थे।

और एक चाकू लेकर आया। चूंकि वह स्वयं गन्ना नहीं काट सकता था इसलिए उसने अपने भाईयों से मदद मांगी थी लेकिन उन्होंने उसकी बात को सुना-अनसुना कर दिया था। मुझे उस लड़के पर तरस आया और मैंने गन्ना लेकर उसे काटने की कोशिश की, लेकिन ऐसा करते समय खुद मेरी उंगली कट गई और उससे खून बहने लगा। वह लड़का रोने लगा, फिर भी मैंने किसी तरह उस गन्ने की गंडेरियां बना ही दीं। एक गीले कपड़े से मैंने अपनी उंगली कस कर बांध ली थी, फिर भी खून तत्काल नहीं रुक पाया था।"

वेंकटरमण का उपनयन संस्कार उनकी आठ वर्ष की आयु में कर दिया गया था।

उस परिवार में एक उपाख्यान कहा जाता है जो कि इस बालक के शुभ शकुन वाले बचपन की ओर बिल्कुल सही संकेत करता है। बहुत पहले की बात है, एक दिन एक साधु उनके पैतृक

घर पर भिक्षा मांगने आया था। परंपरा के विपरीत, दुर्भाग्यवश, न तो उसे उचित सम्मान दिया गया और न ही भोजन दिया गया। साधु ने वहीं यह श्राप दे दिया था कि भविष्य में इस परिवार की हर पीढ़ी का कोई एक सदस्य अवश्य ही उसी की तरह घर छोड़ कर भटकता रहेगा और भिक्षाटन करेगा। यह श्राप सही सिद्ध हुआ क्योंकि हर पीढ़ी में कोई न कोई एक सदस्य परिवार को छोड़ कर सन्यासी बन कर इधर-उधर भटकता रहा था। सुन्दरम् के एक चाचा ने गेरुआ वस्त्र धारण कर लिए थे और उनके बड़े भाई वेंकटेश ने भी वही मार्ग अपनाया था। सुन्दरम् को शायद पता भी नहीं होगा कि स्वयं उनका पुत्र भी एक साधु बन जायेगा, लेकिन कोई नहीं जानता था कि जिसे 'अभिशाप' माना जा रहा था, वही एक दिन समूचे मानव समाज के कल्याण के लिए कृपाकारी आशीर्वाद सिद्ध होगा।

फिर, 1892 में पूरे परिवार पर जैसे एक वज्रपात हुआ। कुछ दिनों की बीमारी के बाद ही अचानक और अप्रत्याशित रूप से सुन्दरम् का देहांत हो गया। अपने पीछे वे पत्नी, तीन पुत्र और एक पुत्री छोड़ गए थे। स्कूल से लौट कर जब बालक वेंकटरमण ने अपने पिता को मृत अवस्था में लेटे हुए पाया तो इस दृश्य का उनके मन पर भारी असर हुआ। उन्होंने पूछा, ''पिताजी तो यहीं लेटे हुए हैं, तो फिर आप लोग यह क्यों कह रहे हैं कि वे मर चुके हैं?'' इस प्रश्न पर उन्होंने अवश्य ही गहन चिंतन-मनन किया होगा क्योंकि यही प्रश्न, यानी मृत्यु का प्रश्न ही था जिसके बारे में वह बाद में आश्चर्यजनक परिणाम पर पहुंचे थे।

इस अचानक और अकाल मृत्यु ने इस एकसूत्रबद्ध परिवार को छिन्न-भिन्न कर दिया। अलगम्माल अपने दो छोटे बच्चों को लेकर मानामदुरै चली गईं। वेंकटरमण सहित दो बड़े बच्चों की देखभाल

की जिम्मेदारी एक सहृदय रिश्तेदार, सुब्बैया अय्यर, ने संभाल ली और वह उन्हें लेकर मदुरै स्थित अपने घर ले गए जहां से नगर का भव्य मीनाक्षी मंदिर साफ़ दिखाई देता था।

वहां, वेंकटरमण को पहले स्कॉट्स मिडिल स्कूल और बाद में एक अमेरिकन मिशन हाई स्कूल में भेजा गया। वह एक ऐसे औसत दर्जे के छात्र रहे जो कि पाठों को आसानी से समझ व याद तो कर लेता था लेकिन पढ़ाई के सांसारिक विषयों में उनकी कभी कोई रुचि नहीं थी। अपनी यादों को खंगालते हुए उन दिनों के बारे में उन्होंने बाद में बताया, "जब स्कूल में पाठ पढ़ाया जा रहा होता था तब इसलिए कि कहीं मुझे नींद न आ जाए और अध्यापक मेरे कान न खींचे, मैं अपने बालों को एक धागे से बांध कर धागे को दीवार पर लगी एक कील से अटका दिया करता था। झपकी आ जाने पर जब मेरी गरदन लुढ़कती थी तो धागा खिंच जाता था और झट से मेरी आंख खुल जाती थीं।"

मदुरै का वह अमेरिकन मिशन स्कूल जिसमें वेंकटरमण पढ़ने जाया करते थे।

वेंकटरमण को खेलकूद बहुत पसंद थे और वह अपनी आयु के अन्य लड़कों से अधिक बलशाली थे। उन्हें फुटबॉल खेलना भी अच्छा लगता था और लोग कहा करते थे कि जिस टीम में वह होते थे तो कैसी भी हो वह टीम जीत ही जाती थी। इसलिए, वे 'तंगाकई' नाम से मशहूर हो गए जिसका अर्थ होता है 'सोने के हाथ वाला' यानी भाग्यशाली। मदुरै में अपने रिश्तेदार के घर में रहते हुए इस बालक में जल्दी ही एक भारी परिवर्तन आने वाला था जो कि पूरे संसार की आने वाली पीढ़ियों को प्रभावित करने वाला था।

वेंकटरमण को घर के सबसे ऊपर वाला वह कमरा दिया गया जो कि खाली पड़ा रहता था। यहां वह अपने मित्रों के साथ गेंद का 'फेंका-फेंकी' खेल खेला करते थे और रात को चुपके से वेगै नदी या पिल्लैयारपलियम तालाब में तैरने के लिए निकल जाते थे। मदुरै में रहते हुए उन्होंने न तो संस्कृत सीखी और न ही वेद या उपनिषद ही पढ़े क्योंकि वहां के दोनों ही स्कूल ईसाई स्कूल थे, इसलिए वहां उन्होंने केवल बाइबिल पढ़ी थी। युवाकाल से ही, लोगों ने देखा था कि कभी-कभी वह कुछ समाधि जैसी अवस्था में चले जाते थे। एक बार एक अध्यापक ने उन्हें इसलिए बैंच पर खड़े हो जाने को कहा क्योंकि उनका ध्यान पढ़ाई में नहीं था। वेंकटरमण ने उनकी ओर इतनी तेजस्विता और स्थिर भाव से देखा कि वह अध्यापक इतना हतप्रभ हो गया कि उसने इस लड़के को क्षमा ही कर दिया।

मदुरै में उनके स्कूल के पक्के दोस्तों में एक मुस्लिम लड़का भी था जिसका बोलता नाम तो 'साब जान' था लेकिन उसका असली नाम था एम. अब्दुल वहाब। वेंकटरमण बताते थे कि वे अभिन्न मित्र थे। बाद में साब जान ने अपनी यादों के झरोखे से बताया,

'एक छात्र के रूप में वेंकटरमण अत्यंत धार्मिक था'। छुट्टी के दिन वे दोनों अक्सर तिरुपरंकुंरम् जाया करते थे और वहां के खूबसूरत सुब्रमण्य स्वामी मंदिर में घूमा करते थे, इसमें उन्हें परमानंद की अनुभूति हुआ करती थी। साब जान के शब्दों में – "ईश्वर ने सबको एक समान बनाया है, उसकी सृष्टि में कोई भेद-भाव नहीं है। उन दिनों किसी मस्जिद और उस मंदिर में मुझे तो कोई फ़र्क नहीं लगता था।" वे दोनों अक्सर मां अलगम्माल से मिलने भी जाया करते थे जहां साब जान को वेंकटरमण की तरह ही प्यार-दुलार मिलता था।

मदुरै में मीनाक्षी के उस भव्य मंदिर के सामने वाले घर में रहते हुए ही वेंकटरमण को खुद में वह गहन आध्यात्मिक जागरण होता अनुभूत हुआ जो कि आने वाले समय में विश्व की आध्यात्मिकता पर व्यापक प्रभाव डालने वाला था। इसका श्रीगणेश नवंबर 1895 को तब हुआ जब सोलह वर्ष की आयु में उन्होंने पहली बार एक पवित्र पर्वत के बारे में सुना जिसे अरुणाचल कहा जाता था।

अध्याय तीन

जागरण के पल

"मेरा जन्म पवित्र तिरुचुलि में हुआ... जिससे कि शिव, जो कि पूर्ण चेतना हैं, प्रकट हो सकें, आत्मतत्व का विकास हो सके और मैं इस संसार के दुखों और तुच्छ इंद्रियों के जाल से मुक्ति पा सकूं। लाल पर्वत के स्वामी ने ही मुझे इस उन्नत अवस्था पर पहुंचाया है।"

— अरुणाचल नवमणिमलै, अंक 8

तमिलनाडु के दक्षिणी मैदान में लाल पर्वत – अरुणाचल – भौगोलिक दृष्टि से सबसे प्राचीन ही नहीं है बल्कि धरती पर सबसे पूजनीय पर्वत भी है। हज़ारों वर्षों से यह एक पावन तीर्थ माना जाता रहा है। यह एक ऐतिहासिक शिवलिंग है जो कभी भगवान शिव द्वारा प्रतीक स्वरूप एक 'ज्योति स्तंभ' के रूप में ब्रह्मा और विष्णु को यह दिखाने के लिए स्थापित किया गया था कि सभी देवी-देवताओं में वही सबसे अधिक शक्तिशाली हैं। बाद में वह ज्योति स्तंभ गहरे गुलाबी रंग का पर्वत बन गया जो कि आसपास की कत्थई रंग की पहाड़ियों के बीच बिल्कुल अलग ही रंग का दिखाई पड़ता है।

एक दिन, वेंकटरमण के घर एक बुजुर्ग रिश्तेदार मिलने के लिए आए थे और जब वेंकट ने उनसे पूछा कि वे कहां से आए हैं तो उन्होंने बताया कि वे अरुणाचल से आए हैं। उस ऐतिहासिक स्थान के बारे में उन्होंने सुन तो रखा था लेकिन यह उन्हें तभी पता चला कि वह एक पर्वत है और यह भी कि वह सचमुच में है और तिरुवण्णमल्लै में स्थित है। उन्हीं दिनों अपने एक रिश्तेदार के पुस्तकालय से उन्हें पेरियापुराणम् धर्मग्रंथ की प्रति भी हाथ लग गई। ख्यातिप्राप्त तिरसठ तमिल संतों के जीवन-चरित वाली इस पुस्तक ने उनके अंतरतम को छू लिया। वेंकटरमण ने मदुरै मंदिर में इन संतो की तराशी गई सुंदर मूर्तियां देखीं और भावना का एक ज्वार उनके मन में जाग उठा। उन्होंने परमात्मा से अपने अंदर आ बसने का आवाहन किया ताकि उसके प्रति उनकी भक्ति चिरस्थाई हो जाए और वह स्वयं उन तमिल संतों सरीखे हो जाएं।

फिर 1896 के जुलाई मध्य में अपने घर में रहते हुए ही वह उस इंद्रियातीत अनुभव से गुजरे जिसने उनके भीतर आत्मबोध और ज्ञानप्राप्ति का अगाध आध्यात्मिक जागरण पैदा कर दिया। अपने जीवन को अपरावर्तनीय रूप से बदल डालने वाली उस अद्भुत घटना का उन्होंने इन शब्दों में उल्लेख किया है:

"मदुरै को हमेशा के लिए छोड़ने से कोई छः सप्ताह पहले की यह बात है जब मेरे जीवन में महान परिवर्तन हुआ। यह सब यकायक ही हुआ! एक दिन मैं अपने रिश्तेदार के घर की पहली मंजिल में अकेला बैठा हुआ था। मेरा स्वास्थ्य हमेशा जैसा सामान्य ही था। मैं शायद ही कभी बीमार पड़ा होऊं। नींद मुझे भरपूर आती थी और उस दिन भी जब मैं वहां अकेला बैठा हुआ था तब भी मेरे स्वास्थ्य में कोई गड़बड़ नहीं थी। लेकिन तभी अचानक ही और बिल्कुल साफ़ तौर से मृत्यु के एक भय ने मुझे घेर लिया।

मदुरै में मीनाक्षी मंदिर के मुख्य गोपुरम् का निकट से लिया गया चित्र।

मुझे लगा जैसे मैं अब मरने ही वाला हूं। मुझे ऐसा क्यों लगा उसे अब किसी भी तरह बयां नहीं किया जा सकता। न ही इसे मैं तब खुद को बयां कर पाया था। जो भी हो, मैंने यह जानने की कोशिश भी नहीं की कि क्या उस भय की अनुभूति का कोई ठोस कारण था भी या नहीं। बस मुझे लगा कि 'मैं मरने ही वाला हूं', और मैं सोचने लगा कि अब मैं क्या करूं। उस समय मैंने न तो किसी डाक्टर के पास जाने की सोची और न ही अपने घर वालों या दोस्तों को यह बात बताने की सोची। मुझे लगा कि इस समस्या को मुझे स्वयं ही हल करना है – उसी समय और उसी जगह।

"मृत्यु के भय के आघात ने मुझे तत्काल अंतर्मुखी और अंतर्दर्शी बना दिया। कोई भी शब्द उच्चारित किए बिना ही मैंने मानसिक रूप से स्वयं से कहा – 'तो मृत्यु आ पहुंची है। इस बात का अर्थ क्या है? वह क्या है जो मरने वाला है? यह देह ही तो है जो मरती है।' मरने के दृश्य को मैंने एक नाटक का रूप दे दिया। मैंने अपने हाथ-पैर सीधे फैला लिए और उनको शव के अकड़न की तरह सख़्त कर लिया। आगे क्या होता है इस हकीकत को जानने के लिए मैं बिल्कुल एक शव के समान पड़ा रहा। मैंने अपनी सांस रोक ली और अपना मुंह बंद कर लिया। होंठ कस कर बंद कर लिए ताकि मुंह से किसी भी तरह की कोई आवाज़ न निकले। न तो "मैं" न ही कोई अन्य शब्द मैंने उच्चारित होने दिया। मन ही मन में मैंने स्वयं से कहा, 'तो, यह शरीर तो मर चुका है। इस लाश को अब श्मशान ले जाया जायेगा और इसे जला दिया जायेगा, फिर इसकी राख बन जायेगी। लेकिन, इस शरीर की मृत्यु हो जाने के साथ ही, इस देह का अवसान हो जाने के साथ ही, क्या "मैं" भी मर गया हूं? क्या यह शरीर "मैं" है? यह शरीर तो निश्चल व निशब्द हो गया है लेकिन अपने अंदर मैं अपने व्यक्तित्व के बल को पूरी तरह महसूस कर रहा हूं, और "मैं" स्वर को भी –

इस शरीर से अलग। यानी ''मैं'' एक आत्मा हूं – इस शरीर से पार और परे जाता हुआ। मरता तो यह भौतिक शरीर है, लेकिन इससे पार और परे जाते हुई आत्मा को तो मृत्यु छू भी नहीं सकती है। इसलिए, मैं आत्मा हूं – अमर आत्मा।'

''यह सब कोई खयाली बात या कोई मनोभाव नहीं था, बल्कि यह मेरे समक्ष जीते-जागते सच की तरह बिल्कुल स्पष्ट रूप में घटित हुआ था, कुछ ऐसा जिसे मैंने तत्क्षण अनुभूत किया था, जिसका तत्क्षण मुझे बोध हुआ था – और वह भी बिना किसी तर्क-वितर्क के। वह ''मैं'' ऐसा था जैसे कोई चीज़ बिल्कुल वास्तविक हो, यथार्थ हो, वही एकमात्र चीज़ थी जो कि उस अवस्था में विद्यमान थी, और मेरे शरीर से जुड़ी हुई समूची गतिविधि उसी पर केंद्रित थी। उस समय के बाद से हमेशा ही एक सशक्त सम्मोहन के साथ ''मैं'' या मेरा 'स्व' मेरे अवधान के केंद्र को संभाले रखता है। मृत्यृ का भय तभी से सदा-सर्वदा के लिए विदा हो गया।

''उस पल से आज तक 'स्व' में, आत्मा में, मेरी तन्मयता निरंतर बनी हुई है। अन्य विचार भले ही आते और जाते रहते हों – किसी संगीतकार के विभिन्न स्वर लहरी की तरह – लेकिन ''मैं'' उस मूल स्वर की तरह स्थाई रहता है जो कि अन्य सभी स्वरों के साथ संगत करता है और मिल कर चलता रहता है। यह देह कुछ पढ़ रही हो या बातें कर रही हो या कुछ भी कर रही हो, मैं हमेशा ''मैं'' पर केंद्रित रहता है।''

बाद में, उन्होंने बताया, ''उस घटना से पहले मुझे अपने 'स्व' का कोई स्पष्ट बोध नहीं था और न ही मैं सचेत रूप से उसकी ओर कभी कोई तवज्जो ही देता था। उसके प्रति ज़ाहिरा तौर पर मैंने कभी अपनी रुचि का अनुभव नहीं किया था और न ही आराम

से लेटे-लेटे इस पर चिंतन करने का कोई स्वभाव ही मैंने विकसित किया था।''

गहन अनुभूति और आत्म-विचार का वह दौर मुश्किल से कोई आधा घंटा चला होगा। मृत्यु का भय गायब हो गया था और उनका सारा अवधान वास्तविक ''मैं'' में डूब गया था। इसकी स्पष्ट झलक उनके सांसारिक जीवन पर दिखाई देने लगी थी। अपनी पढ़ाई में, अपने रिश्तों में और यहां तक कि अपने संगी-साथियों में भी उनकी कोई रुचि नहीं रह गई थी। विनम्रता, सौम्यता और धीरता जैसे गुण उनमें विकसित होते चले गए थे। तब भोजन करना उनके लिए स्वाद व सुगंध की तृप्ति करना नहीं रह गया था।

सबसे बड़ा बदलाव उनमें मीनाक्षी मंदिर को लेकर आया था। पहले जब वह मंदिर जाया करते थे तब अक्सर अपने दोस्तों के साथ ही जाया करते थे, लेकिन अब वह अकेले ही जाने लगे थे और वहां नटराज शिव, मीनाक्षी और तमिल संतों की मूर्तियों के सामने ध्यान लगाने लगे थे। उन्होंने बाद में बताया, ''मैं कभी-कभी प्रार्थना करने लगा कि ईश्वर मेरे हृदय में आ बसे ताकि मुझमें भक्ति भाव बढ़ता जाए और फिर वह भक्ति उन 63 संतों की भक्ति की तरह ही मुझमें भी शाश्वत रूप से निवास करने लगे। लेकिन अधिकतर, मैं याचना बिल्कुल नहीं करता था, बल्कि बस इतना चाहता था कि अंतरतम में प्रवाहित होने वाला वह प्रवाह निरंतर बना रहे, और बाहर भी गहराता रहे। आत्मा के इस छलकते भाव के प्रतीकस्वरूप मेरे आंसू बहने लगते थे लेकिन वे न किसी सुख के सूचक हुआ करते थे और न ही किसी दुख के।''

इसी तरह रहते कोई छः सप्ताह बीत गए। उनके परिजनों ने इस बदलाव को महसूस तो किया लेकिन उन्हें यह अच्छा नहीं लगा, ख़ासतौर पर उनका पढ़ाई की तरफ़ से लापरवाह होना तो उन्हें बिल्कुल भी अच्छा नहीं लगा। 29 अगस्त 1896 को एक विशेष घटना घटी। उन्हें पढ़ाई संबंधी एक काम करना था – बेन की ग्रामर के एक पाठ को तीन बार लिखना था। उस समय वह उसे तीसरी बार लिख ही रहे थे कि अचानक उनका मन उस सब से एकदम हट गया। उन्होंने किताबों को एक तरफ़ रख दिया और सीधे खड़े होकर आंखें बंद करके ध्यानमग्न हो गए। उनके बड़े भाई नागस्वामी जो कि यह सब देख रहे थे, बड़ी सख्ती से उन्हें फटकारते हुए बाले, "अगर यही सब करना है तो फिर यहां रहने की ज़रूरत क्या है?" इस तरह के जुमले पिछले कई दिनों से लगातार उन्हें कहे जाते रहे थे लेकिन उन्होंने उन पर कभी ध्यान नहीं दिया था। किंतु इस बार तो उन्हें यह बात लग गई!

मदुरै के मीनाक्षी मंदिर का विशाल स्नान कुंड।

'हां, वाक़ई मैं यहां रह कर क्या रहा हूं?' वेंकट के मन मे विचार उठा। और, तभी उनके मन में अरुणाचल का विचार कौंध गया। वे उठ खड़े हुए और अपने भाई से बोले कि एक स्पेशल क्लास के लिए उन्हें स्कूल जाना है। इस पर नागस्वामी ने कहा, ''तो नीचे बक्से में से पांच रुपए लेते जाना और मेरी कॉलेज फ़ीस भी जमा कर देना।'' तेज़ी से धड़कते दिल के साथ वह मीनाक्षी मंदिर की तरफ़ चल दिए जहां के फाटक और द्वार उस समय भाग्यवश चौपट खुले हुए थे और कमाल की बात यह भी रही कि उस समय मंदिर में भी और कोई मौजूद नहीं था। तब, वह सीधे मंदिर के गर्भगृह में चले गए ताकि घर छोड़ने और अरुणाचल जाकर रहने के अपने निर्णय को बता सकें।

वह जानते थे उनका परिवार उन्हें जाने देने में आपत्ति करेगा, इसलिए उन्होंने चुपचाप निकल जाने का निर्णय लिया। घर से उन्होंने वे पांच रुपए ले लिए थे जो भाई ने अपनी कॉलेज फ़ीस देने के लिए कहे थे। उन्हें एक रेलवे टाइम-टेबल भी मिल गया जिसमें उन्होंने तिरुवण्णामलै का निकटतम स्टेशन ढूंढ लिया और वह था – तिंदीवनम्। उन्होंने भाई के नाम एक छोटा सा पत्र लिख छोड़ा: ''अपने पिता की खोज में और उनकी आज्ञा के अनुसार, मैं यहां से जा रहा हूं। यह बस एक पुनीत यात्रा पर जाने का प्रस्थान है। इसलिए, इस बात पर किसी को दुखी होने की आवश्यकता नहीं है। इस यात्रा के लिए मुझे कोई पैसा खर्च करने की आवश्यकता नहीं पड़ेगी। आपके कॉलेज की फ़ीस मैंने नहीं भरी है। दो रुपए इस पत्र के साथ रख रहा हूं।''

उनकी महान और महत्वपूर्ण खोज-यात्रा अब आरंभ हो गई थी।

अध्याय चार

अरुणाचल की ओर प्रस्थान

"अरुणाचल वह स्थान है जो कि सब स्थानों से पवित्र स्थान कहे जाने योग्य है! सब स्थानों में यह श्रेष्ठतम है! इस बात को जानिए कि यह पृथ्वी का हृदय स्थल है। यह स्वयं शिव है। यह आध्यात्मिक हृदय का मूर्त रूप है। अरुणाचल कहे जाने वाले इस तेजस्वी और यशस्वी पर्वत पर भगवान शिव सदा निवास करते हैं।"

– श्री अरुणाचल माहात्म्य, अंक 1

वेंकटरमण मदुरै स्टेशन पहुंचे और अपनी इस चमत्कारी यात्रा के लिए भीतर से खुद को तैयार करते हुए उन्होंने तिंदीवनम् के लिए एक टिकट खरीद लिया। उन्हें नहीं पता था कि हाल ही में तिरुवण्णामलै में भी एक नया रेलवे स्टेशन बन चुका है। यह बात रेल में बैठ जाने के बाद उन्हें एक मौलवी ने बताई जो कि, आश्चर्यजनक रूप से, कुछ पल बाद डिब्बे में फिर कहीं दिखाई नहीं दिया। वह तड़के तीन बजे विल्लुपुरम पंहुचे। स्टेशन से शहर में जाकर उन्होंने अरुणाचल जाने वाले रास्ते के बारे में पूछताछ की। भूख लगी होने के कारण उन्होंने एक दुकान पर खाना खाया लेकिन दुकानदार ने उनसे उसका कोई पैसा लेने से इंकार

कर दिया। बाकी बचे हुए रुपयों से उन्होंने अगले स्टेशन का टिकट लिया और फिर वहां से पवित्र पर्वत तक पैदल ही जाने का निर्णय लिया। अरैयनिनल्लूर पहुंचने पर एक उज्ज्वल और स्वागतकारी सूर्यास्त ने जैसे उनकी अगवानी की, वहां के मंदिर में वे एक दैदीप्यमान और आश्चर्यचकित कर देने वाले प्रकाश में नहा गए थे।

अगले दिन भगवान श्रीकृष्ण का जन्मोत्सव गोकुलाष्टमी मनाया जा रहा था, वहां एक धर्मपरायण दंपती ने उन्हें पेट भर भोजन कराया। अपने मेज़बान से उन्होंने चार रुपए उधार मांगे और उसकी एवज़ में रूबी और अपने कान की सोने की बालियां गिरवी रख लेने का आग्रह किया। उनका आग्रह स्वीकार कर लिया गया। अब वह तिरुवण्णामलै का टिकट खरीद सकते थे। 1 सितंबर 1896 को लगभग दोपहर तक वे वहां पहुंच भी गए।

वह सीधे महान अरुणाचलेश्वर मंदिर पहुंचे। जब वह वहां के द्वार पर पहुंचे तो उन्होंने उसे खुला हुआ पाया लेकिन कोई भी व्यक्ति वहां नहीं था। तब वह मंदिर के गर्भगृह में चले गए और अरुणाचल को अभिवादन किया। फिर उन्होंने जेब में बाकी बचे हुए रुपए-पैसे मंदिर के पास के ही एक तालाब में फेंक दिए और अपने पहने हुए वस्त्र को फाड़ कर उनमें से अपने लिए एक लंगोट बना लिया। तब वहां से गुजरते हुए एक व्यक्ति ने उनसे पूछा कि क्या वह अपना मुंडन कराना चाहते हैं। वह सहमत हो गए और अपने सुंदर घुंघराले बाल कटवा दिए। तब अचानक ही कुछ देर के लिए बारिश हुई जिसे उन्होंने ईश्वरीय कृपा का स्नान माना। वह पुनः मंदिर में चले गए और हज़ार स्तंभ वाले विशाल 'मंडपम' में आत्मलीन होकर बैठ गए।

तिरुवण्णामलै में उनकी पहली रात मंदिर के सामने बने स्तंभों वाले मगर खुले मंडपम में ठिठुरते हुए बीती। जिस दिन वह यहां पहुंचे थे उस दिन उन्हें खाने को कुछ नहीं मिला था। दूसरे दिन ही उन्हें अपनी पहली भिक्षा प्राप्त हो सकी थी। उन्होंने बताया, "अगले दिन मैं मंदिर के सामने बने उस सोलह स्तंभों वाले मंडपम में टहल रहा था, कभी ऊपर जाता तो कभी नीचे जाता, तभी वहां एक मौनी स्वामी पधारे।

"फिर पलनी नाम के एक और स्वामी भी वहां आ पहुंचे। वह एक हृष्ट-पुष्ट व्यक्ति थे, उनके केश लंबे और गुथे हुए थे। वह संन्यासियों के एक दल की सहायता से मंदिर के अहाते की साफ़-सफ़ाई का बड़ा महत्वपूर्ण कार्य किया करते थे। तब मौनी स्वामी की नज़र मुझ पर पड़ी – एक भूखा और थका-मांदा अजनबी – और तब उन्होंने पलनी स्वामी से इशारों में कहा कि मुझे कुछ खाने को दिया जाए। पलनी स्वामी गए और मेरे लिए काले पड़ चुके एक टिन के बर्तन में थोड़े ठंडे चावल लेकर आए जिनके ऊपर थोड़ा नमक छिड़का हुआ था। वह पहली भिक्षा थी जो भगवान अरुणाचलेश्वर ने मुझे प्रदान की थी!"

पहले-पहल तो वेंकटरमण, मंदिर परिसर में बने हज़ार स्तंभ वाले उस विशाल मंडपम में एक स्थान पर जम कर बैठ गए जो कि मंदिर में पूर्वी द्वार से प्रवेश करने पर दाहिनी ओर पड़ता है। वहां तीर्थ यात्रियों की आवाजाही निरंतर बनी रहती है। इस तीर्थ स्थल में बैठा रहने वाला यह अनोखा और अजनबी लड़का हर आने-जाने वाले की उत्सुकता का केंद्र बन गया। गलियों के छोकरे आकर उन्हें छेड़ने और तंग करने लगे। निश्चित ही, अपनी ही आयु के एक लड़के को इस प्रकार मौन साधना में मूर्ति के समान निश्चल बैठे देख कर वह उन्हें एक चुनौती के रूप में लगने लगे थे।

वे उन पर कंकड़ और ठीकरे फेंकते और उनका मज़ाक उड़ाते थे। लेकिन इस उत्पीड़न और यंत्रणा के बावजूद वह किशोर वेंकटरमण शांत व निश्चल रहता था और धैर्य तथा विरत भाव से बैठा रहता था।

आख़िर, इन लोगों की नज़र से हट जाने के लिए उन्होंने एक भूमिगत कक्ष पातालिंगम् में शरण ली जिसमें कुछ ही लोग जाने की हिम्मत किया करते थे। ठीक-ठीक कोई नहीं जानता कि वह कितने दिन वहां रहे लेकिन जब किसी ने उन्हें वहां पाया तब भी वह समाधि में ही थे, उनकी देह से खून और मवाद चू रहा था क्योंकि उस जगह चूहों का राज्य था। बाद में किशोर ब्राह्मण स्वामी के नाम से विख्यात होने वाले वेंकटरमण के ऐसे कठोर तप की बात मंदिर के सेवकों और स्थानीय साधुओं के कानों तक पहुंच गई। इसलिए, पुनः उस जगह को बदल कर वह मंगै पिल्लयार मंदिर में चले गए और वहीं उन्हें अपना पहला और निरंतर साथ रहने वाला अनुगामी उद्दण्डि नायनार मिला जो कि उनसे उपदेश ग्रहण करने और आत्मबोध अर्जित करने का इच्छुक था।

यह किशोर मौन स्वामी वहां भी लोगों के आकर्षण का केंद्र बनने लगा और उनके दर्शन के लिए तीर्थ यात्रियों का वहां तांता लगने लगा। वेंकटरमण को उन लोगों का मजमा लगाना अखरने लगा। इसलिए वह और भी निर्जन स्थान – गुरुमूर्तम् – चले गए जहां वह अगले सोलह महीनों तक रहे, लेकिन अधिकांश समय समाधि में ही रहे। यहां उनके एक अनुगामी ने उनका अभिषेक करने का प्रबंध कर डाला, लेकिन अभिषेक के निर्धारित समय से ठीक पहले उस अनुगामी को ये शब्द दीवार पर लिखे मिलेः ''जो सेवा इस देह को चाहिए वह तो भोजन ही पूरी कर देता है''। इस वाक्य ने यह बता दिया कि यह स्वामी शिक्षित हैं। एक बार एक हठी आगंतुक तो अड़ कर ही बैठ गया कि जब तक कि वह अपनी

पहचान नहीं बतायेंगे तब तक वह वहां से हटेगा नहीं। अंततः स्वामीजी ने लिखा, 'वेंकटरमण तिरुचुली'। यह बात जल्दी ही फैल गई और चलते-चलते मदुरै में उनके रिश्तेदारों तक भी पहुंच गई।

कुछ ही दिनों में उनके चाचा नेल्लियप्प अय्यर तिरुवण्णामलै आ पहुंचे। वेंकटरमण उन दिनों एक आम्र-वाटिका में रह रहे थे और आमतौर पर आगंतुकों से मिलते-विलते नहीं थे। लेकिन नेल्लियप्प अय्यर उनके पास पहुंच ही गए और अपने भतीजे का हाल देख कर दंग रह गए — एक धूल-धूसरित स्वामी जिसके बाल उलझ-पुलझ गए थे, नाखून बढ़ गए थे और वह एक प्राचीन युग के ऋषि लग रहे थे। उन्होंने वेंकटरमण से वापस घर चलने की बहुत मिन्नत की लेकिन उनकी किसी भी दलील का कोई नतीजा नहीं निकला। नेल्लियप्प अय्यर वेंकटरमण के मिल जाने की खबर लेकर उनकी मां के पास मदुरै वापस लौट गए। मां ने तो इस बात पर विश्वास ही नहीं किया कि वेंकटरमण ने घर लौटने से इंकार कर दिया है। इसलिए, नागस्वामी को साथ लेकर वह स्वयं तिरुवण्णामलै के लिए रवाना हो गईं। वहां जाकर उन्होंने अपने बेटे को पावज़ाकुनरू की एक शिला पर लेटे हुए पाया। वह अपने बेटे को घर वापस ले जाने के पक्के इरादे से आई थीं, इसलिए उन्होनें हरचंद कोशिश की — वह रोईं, अनुरोध किया, मनाया, डाट-फटकार लगाई, उलाहना दिया — लेकिन उनकी किसी भी बात का उन पर कोई असर नहीं हुआ। अंततः वेंकटरमण ने एक काग़ज़ पर अपने ये शब्द लिख कर उन्हें दे दिए जो बहुत प्रसिद्ध हैं:

श्री नेल्लियाप्पियर अय्यर

किशोर वेंकटरमण आम्र-वाटिका में एक पाषाण शिला पर बैठे हुए जब उनके चाचा नेल्लियप्प अय्यर उनसे मिलने तिरुवण्णामलै पहुंचे थे।

"आत्माओं के भाग्य का निर्धारण विधाता उनके प्रारब्ध कर्मों के अनुसार करता है। इसलिए, अनहोनी कभी हो नहीं सकती और होनी को कोई टाल नहीं सकता, चाहे कोई कुछ भी कर ले। यह अटल है। अतः सबसे अच्छा है शांत रहना।"

हार कर, बड़े बेमन से वह मदुरै लौट गईं – अपने बेटे को अरुणाचल में रहने देने और उसकी इच्छानुसार कभी किसी गुफ़ा और कभी किसी गुफ़ा में जीवन बिताने के लिए।

उस पर्वत पर रहते हुए उनके आरंभिक जीवन का वर्णन करने से पहले, हमें यह देख लेना चाहिए कि यह किशोर स्वामी मदुरै में रहते हुए भक्ति से आत्म-विचार की तरफ़ किस तरह चला गया था – जो कि उन्हें ज्ञानप्राप्ति तक ले जाने वाले उनके प्रथम मृत्यु-अनुभव का माध्यम और प्रत्यक्ष परिणाम बना। यह आत्म-विचार ही उनकी शिक्षाओं का अंततः मूल-मंत्र बनने वाला था जो कि बाद में वह अपने मोक्ष की इच्छा रखनेवाले भक्तों को प्रदान किया करते थे। अद्वैत के *योग वशिष्ठ* जैसे प्राचीन ग्रंथों के बिखरे हुए ज्ञान को उन्होंने आज के लोगों द्वारा समझने योग्य बना कर प्रस्तुत किया और उस पर चलने के लिए बहुत सारे सुझाव भी दिए। इससे पहले, आत्म-विचार परंपरागत गुरुओं के दीक्षित ब्राह्मण शिष्यों के लिए ही अनुमत और उपलब्ध हुआ करता था, लेकिन यह युवा स्वामी इस साधना को आत्मबोध की प्यास रखने वालों के लिए एक खुले रहस्य के रूप में लाना चाहता था, और उन्हें इस संसार के बंधनों से मुक्त करा देना चाहता था – चाहे उनकी पृष्ठभूमि या राष्ट्रीयता कुछ भी रही हो।

उनका अरुणाचल प्रस्थान और प्रवास अपने आप में एक भरपूर आध्यात्मिक महत्व रखता है। जैसा कि अपनी कविता *अरुणाचल*

माहात्म्य' में उन्होंने *स्कंद पुराण* का संदर्भ लेते हुए स्वयं लिखा है:

"अरुणाचल एक ऐसा स्थान है जो पवित्र स्थान कहलाने का अधिकारी है! अन्य सब स्थानों में यह श्रेष्ठतम है! यह समझ लीजिए कि यह धरती का हृदय केंद्र है। यह स्वयं शिव है। यह आध्यात्मिक हृदय का प्रतिनिधि स्थान है। अरुणाचल कहे जाने वाले दिव्य पर्वत पर भगवान शिव सदा निवास करते हैं... मैं, शिव, यह विधान करता हूं कि इस स्थान से तीन योजन (तीस मील) के दायरे में निवास करने वालों का उस परमेश्वर से मिलन होगा जो कि सारे बंधनों को दूर करने वाला है – भले ही वे संस्कारित न हुए हों।"

अरुणाचल हज़ारों वर्षों से तीर्थाटन का एक पवित्र स्थान रहा है। गत अनेक शताब्दियों में अनेक महान ज्ञानी, मनीषी, साधु और संत यहां आते रहे हैं और इसकी गुफ़ाओं में रहते आए हैं।

पुराणों में एक आख्यान आता है कि एक बार भगवान विष्णु और भगवान ब्रह्मा में यह विवाद हो गया कि दोनों में कौन श्रेष्ठ है। विवाद को सुलझता न देख कर उन्होंने भगवान शिव से सहायता मांगी कि वही निर्णय करें कि कौन सचमुच श्रेष्ठतम है। तब, भगवान शिव ने तेजोमय प्रकाशपुंज का एक विराट रूप धारण किया जो कि पृथ्वी से स्वर्ग तक विस्तीर्ण था और उन दोनों से उसका मूल और उसका शीर्ष पता लगाने को कहा। ब्रह्मा ने उसका शीर्ष का पता लगाने के लिए अपनी सहमति दी और हंस का रूप धारण करके उड़ चले। वे बहुत ऊंचाई तक उड़ते चले गए लेकिन उस प्रकाशपुंज के शीर्ष तक नहीं पहुंच सके। ऊपर जाती अपनी इस उड़ान के दौरान उन्होंने शिव के शीर्ष से गिरते *'पांडव-पुष्प'* को लपक लिया और उस पुष्प से अनुरोध किया

वेंकटरमण अपनी माता अलगम्माल के साथ विरुपाक्ष गुफ़ा के बाहर बैठे हुए जब वह उनसे मिलने अरुणाचल आई थीं।

कि वह यह झूठी गवाही दे दे कि वह यानी ब्रह्मा स्वयं ही उस पुष्प को शिव के शीर्ष से लेकर आए हैं। शिव को जब उनका यह झूठ पता चला तो उन्होंने ब्रह्मा को श्राप दिया कि कभी भी और किसी भी मंदिर में उनकी पूजा नहीं की जायेगी, और पांडव पुष्प को भी अपनी सज्जा में से निष्कासित कर दिया।

भगवान विष्णु ने तब एक वराह का रूप धारण किया था और वह शिव के चरणों तक पहुंचने के लिए नीचे खोदते चले गए। विष्णु की विनम्रता देख कर शिव सचमुच बहुत प्रसन्न हुए और उनको अपने हृदय से लगा लिया। उन दोनों देवताओं ने तब पहचाना कि वास्तव में भगवान शिव ही देवों के देव महादेव हैं।

अरुणाचल का पवित्र पर्वत अति प्राचीन काल से एक ऐसे महाशिवलिंग के रूप में विराजमान है जिसकी पूजा व भक्ति स्वयं भगवान के रूप में की जाती है, जो अपने पास आने वाले सभी सौभाग्यशाली लोगों को अपनी कृपा और आध्यात्मिक ऊर्जा से ओतप्रोत कर देता है और अपनी ओजस्विता के साथ विद्यमान रहता है।

इस पर्वत पर रहते हुए, अपने गहन ध्यान और लंबे समय तक समाधि की परमानंद अवस्था में रहने के लिए स्वामी एक गुफ़ा से दूसरी गुफ़ा में रहते हुए स्थान परिवर्तन करते रहते थे। आम्र कुंज में रहने के बाद वह विरुपाक्ष गुफ़ा में चले गए थे जो कि तमिलनाडु की भीषण गर्मी के लिए पर्याप्त शीतल रहती थी। इस कंदरा में रहने के दौरान ही एक दिन अपने अनुयायियों के साथ इस पर्वत के आस-पास घूमते हुए, उन्हें अपनी महान कविता *'द मैरिटल गारलैंड ऑफ़ लैटर्स'* लिखने की प्रेरणा हुई जिसमें 108 छंद हैं – महान आध्यात्मिक महत्व का यह एक आद्यरूपीय और रहस्यवादी स्तोत्र

व प्रशस्ति गान है जो समर्पण की उत्तप्त भावना से परिपूर्ण है और दिव्य प्रेमी तथा दिव्य प्रेमिका के बीच होने वाली अनुनय-विनय का चित्रण करता है। जो साधु अब उनके साथ आ जुड़े थे, वे जब भिक्षाटन के लिए नगर में जाते थे तब इसे ही गाया करते थे। अब तो यह विश्व भर में उनके भक्तों के लिए एक विशेष भजन बन चुका है जो कि हर सप्ताह के अलावा सभी विशेष आयोजनों पर उनके आश्रम में गाया जाता है – ख़ास तौर पर *कार्थिगयी दीपम्* के पर्व पर जब एक विशाल दीप-स्तंभ इस पर्वत के शिखर पर प्रज्वलित किया जाता है और दक्षिणी भारत के विभिन्न भागों से आए हुए लाखों लोग अमावस्या की रात को इसकी परिक्रमा करते हुए इसे गाते चलते हैं।

जिन दिनों यह युवा स्वामी अरुणाचल की पवित्र गुफ़ाओं में आत्मलीन अवस्था में रहा करते थे तब आध्यात्मिक सोच वाले अनेक ऐसे लोग उनसे मिलने आने लगे जो कि इनकी ओजस्वी उपस्थिति से बहुत प्रभावित हो गए थे। पहले-पहल आने वालों में श्री गंभीरम् सेशियर थे। उन्होंने तो जैसे एक प्रश्नावली ही स्वामी के समक्ष रख दी थी। स्वामी ने भी उन सभी प्रश्नों के उत्तर, तत्कालीन व्यवस्था के अनुसार, लिख कर उन्हे दिये थे ताकि उनका मौन भंग न हो। इस वार्तालाप की परिणति एक प्रसिद्ध निबंध संग्रह *'सैल्फ़-एंक्वयारी'* के रूप में सामने आई जिसमें उस नवीन पद्धति का विवरण दिया गया है जो कि इस संसार में नए सिरे से लाई गई है।

उसी दौरान शिवप्रकाशम् पिल्लै ने भी उनसे प्रश्न पूछे थे। उनके उत्तर में स्वामीजी ने अपने बीजभूत शोधग्रंथ का उपहार प्रदान किया – मैं कौन हूं? इसमें भी उन्होंने अपनी उस अद्‌भुत पद्धति को प्रतिपादित किया जिसे वह आत्मबोध का अचूक व

तमिलनाडु के तिरुवण्णामलै में पवित्र अरुणाचल पर्वत का विस्मयप्रेरक दृश्य।

सीधा मार्ग मानते हैं – बशर्ते उस पर गंभीरता, तत्परता और दृढ़ता के साथ चला जाए। उन्होंने लिखा है:

"अपने भीतर यह खोज लगातार करते रहने से कि 'मैं कौन हूं?' आप स्वयं के वास्तविक स्वरूप को जान सकते हैं और निर्वाण प्राप्त कर सकते हैं।"

स्वामीजी की कृपा के अगले आकांक्षी थे सुप्रसिद्ध कवि, प्रतिभाशाली, संस्कृत विद्वान और महान योगी काव्यकंठ गणपति मुनि शास्त्री, जो कि अपने शिष्यों सहित उस पर्वत पर ध्यान लगाया करते थे और तप किया करते थे। उन दोनों का यह सम्मिलन अत्यधिक मंगलकारी सिद्ध हुआ। बाद में जब मुनि ने कुछ पछताते हुए स्वामी के समक्ष यह स्वीकार किया कि उनके भरपूर आध्यात्मिक प्रयास के बावजूद उन्हें आत्मबोध नहीं हुआ है, तब स्वामीजी ने लगभग पंद्रह मिनट तक उन पर अपना ओजस्वी दृष्टिपात किया और फिर अपना मौन भंग करते हुए तमिल में बोल पड़े थे:

"जब "मैं" का भाव पैदा हो रहा हो तब यदि कोई ध्यानपूर्वक यह देखे कि वह भाव पैदा कहां से हो रहा है, तब मन उसी को देखने में तल्लीन हो जाता है। यह तप है। जब किसी मंत्र का जाप किया जाए और तब यदि पूरा ध्यान उस स्रोत की तरफ़ हो जाए जहां से कि मंत्र की ध्वनि उठ कर आ रही है, तब मन उसे ही सुनने में तल्लीन हो जाता है। यह तप है।"

गणपति मुनि इस युवा स्वामी के उत्तरों से और उनकी प्रत्यक्ष विद्यमानता से अभिभूत हो उठे। उन्होंने तभी घोषित कर दिया, "अब से यह ब्राह्मण स्वामी हमेशा के लिए श्री भगवान रमण महर्षि

कहलायेंगे!'' बाद में मुनिजी ने स्वयं एक अतुलनीय सुंदर कविता की रचना की जिसका नाम है – *द फ़ोर्टी वर्सेज़ इन प्रेज़ ऑफ़ श्री भगवान* ।

महर्षि के साथ मुनिजी के संबंध बहुत घनिष्ठ और विशेष रहे। रमण उन्हें 'नयन' कह कर बुलाया करते थे। वे दोनों ताल में तैराकी करते हुए, पर्वत पर चढ़ते हुए और अद्वैत वेदांत के सिद्धांतों पर चर्चा करते हुए मित्र और सखा की तरह रहा करते थे।

एक विस्मयकारी घटना नयन के प्रति रमण के प्रेम का परिचय देती है। भगवान ने बताया, ''एक दिन मैं लेटा हुआ था... अचानक मुझे लगा कि मेरा शरीर ऊपर और ऊपर उठता जा रहा है, और ऐसा तब तक होता रहा जब तक कि सब चीज़ें दीखनी बंद नहीं हो गईं और तब मेरे चारों ओर केवल एक धवल उजाला रह गया। फिर अचानक यह शरीर नीचे उतरने लगा और चीज़ें फिर से दीखने लगीं। मैंने स्वयं से कहाः लगता है कि सिद्ध लोग इसी तरह प्रकट और अदृश्य हो जाते होंगे। मुझे ऐसा लगा जैसे मैं तिरुवोत्तियूर में हूं... वहां मैं गणपति के मंदिर में गया... तभी मेरी आंख खुल गईं और मैंने खुद को वापस विरुपाक्ष गुफ़ा में लेटे हुए पाया।''

यह चमत्कारिक घटना 1908 में तब हुई थी जब काव्यकंठ तिरुवोत्तियूर मंदिर में ही थे। तप में लगे होने के दौरान उन्हें कोई बड़ी कठिनाई हो रही थी और उन्होंने भगवान से चाहा था कि वह आएं और उनका मार्गदर्शन करें। तभी, उन्होंने देखा कि भगवान मंदिर में प्रवेश कर रहे हैं। उन्होंने भगवान को

साष्टांग प्रणाम किया। महर्षि ने अपना हाथ उनके सिर पर रखा तो काव्यकंठ ने एक विद्युत तरंग का उद्वेग आता हुआ महसूस किया, जिसे उन्होंने हस्तदीक्षा के रूप में सादर ग्रहण किया।

इन्हीं दिनों शिष्य बनने वाले एक और श्रद्धालु थे रामास्वामी अय्यर। वह बताते हैं कि जब वह युवा रमण के दूसरी बार दर्शन करने के लिए आए थे तब श्री रमण के समक्ष उन्होंने साष्टांग प्रणाम किया था और कहा था, "ईसा और अन्य अनेक महान आत्माएं इस संसार में पापियों का उद्धार करने के लिए आईं। क्या मेरे लिए भी कोई उम्मीद है?" तत्क्षण, तेजी से एक ज़ोरदार जवाब श्री रमण की ओर से अंग्रेज़ी में आया, "उम्मीद है। हां, उम्मीद है।"

एछाम्मल नाम की एक महिला थी। उसके पति का देहांत हो गया था और उसके दो बच्चे उसके साथ रहते थे। सांत्वना व शांति पाने के लिए जब वह भगवान से मिलने आई उस समय वह मौन व शांत बैठे हुए थे। वह महिला उनके सामने बैठी रही और वहां बैठने रहने की अवधि ने ही उसकी सोच तथा भावना को परिवर्तित कर दिया। उसने महसूस किया कि महर्षि की कृपा से उसके सारे दुख पूरी तरह मिट गए थे। सदा उनके सान्निध्य में रहने के लिए वह तिरुवण्णामलै ही आकर रहने लगी और अपनी सारी पूंजी उनकी सेवा में लगाती रही – वह रमण के लिए और उनके भक्तों के लिए भरपूर भोजन ले कर आया करती थी।

इस प्रकार श्री भगवान रमण महर्षि, जैसा कि अब वह कहलाए जाने लगे थे, अरुणाचल की पवित्र गुफ़ाओं में एक वैरागी के रूप में अपने उस प्रथम शिष्य के साथ शांतिपूर्वक रहने लगे जिसका कि वह उसके चुने हुए आध्यात्मिक मार्ग पर आगे बढ़ने के लिए चुपचाप मार्गदर्शन करते रहते थे।

शुरुआती दिनों में रमणाश्रमम् के प्रवेश द्वार का चित्र।

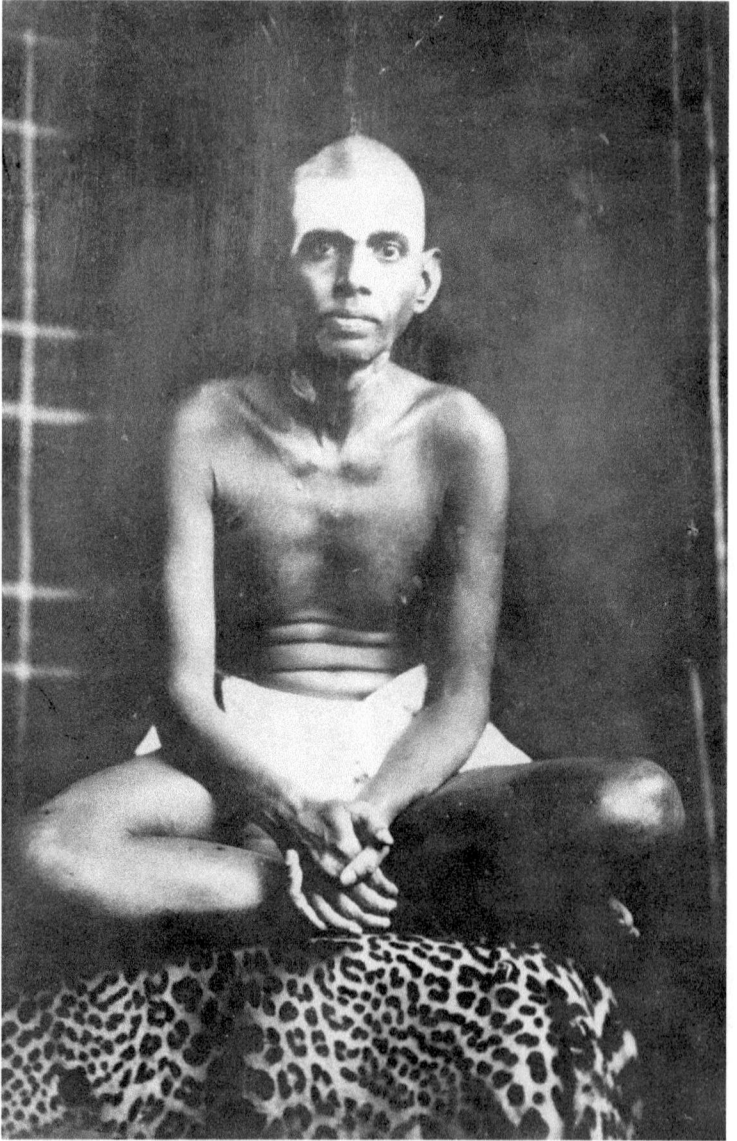

अरुणाचल के पवित्र पर्वत की गुफ़ाओं में रमण महर्षि के दर्शन करने और उनसे मिलने के लिए आने वाले श्रद्धालु अब उन्हें श्री भगवान कहने लगे थे।

अध्याय पांच

अरुणाचल में श्री रमण का आरंभिक समय

"हे अन्नामलै, जैसे ही तूने मुझे अपनाया, मेरी देह और आत्मा तुम्हारी हो गई है। फिर भला किसी चीज़ का अभाव कैसे रह सकता है? इसके अलावा मैं भला और क्या अभिलाषा कर सकता हूँ? मैं गुण और अवगुण का विचार छोड़ कर केवल तेरा ही ध्यान करता हूँ। ओ मेरे प्राण, जैसा चाहो वैसा तुम मेरे लिए करो। मुझे तो केवल अपने पावन चरणों का सदा गहन होता हुआ प्रेम प्रदान करो।"

– अरुणाचल नवमणिमलै, अंक 7

अब वह समय आ गया था जब पश्चिम के लोग भी महर्षि की ओर आकर्षित होने लगे थे। उनमें सबसे पहले आए थे एफ़. एच. हम्फ्रीज़ जो कि इंग्लैंड से थे और वहां वह पूरे आर्कट ज़िले के सहायक पुलिस अधीक्षक थे। हाल ही में उनकी मुलाकात गणपति मुनि से हुई थी। स्वयं एक धार्मिक स्वभाव का होने के कारण उन्होंने गणपति मुनि से पूछा था कि क्या इस पर्वत में कोई ऐसी विभूति भी विराजमान है जिसे कि आत्मबोध हो चुका हो। मुनिजी तुरंत उन्हें श्री भगवान से मिलवाने के लिए ले आए थे। उन्होंने महर्षि से पूछा था कि वह इस संसार की सहायता कैसे कर सकते हैं।

भगवान का उत्तर था, ''पहले आप अपनी सहायता करें, और इस तरह आप संसार की सहायता करेंगे... आप इस संसार में हैं; आप ही यह संसार हैं। आप इस संसार से कुछ अलग नहीं हैं। और, न ही यह संसार आपसे कुछ अलग है।''

स्वामीजी ने उन्हें आत्म-समर्पण के माध्यम से श्रेष्ठता की उच्चतम अवस्था तक पहुंचने के लिए प्रयास करने पर बल देने की सलाह दी। बाद में, हैम्फ्रीज़ पुलिस बल से अवकाश प्राप्त हो जाने पर इंग्लैंड की एक रोमन कैथोलिक मोनेस्ट्री की सेवा में चले गए थे।

इस दौरान भगवान की माता उनसे मिलने आती रहती थीं। एक बार वे बीमार हो गईं और उनके इस पुत्र ने विरुपाक्ष गुफ़ा में तीन सप्ताह तक तन-मन से उनकी तब तक सेवा की जब तक कि वह स्वस्थ नहीं हो गईं। 1900 में उनके बड़े बेटे का देहांत हो गया। उसके कुछ समय बाद ही उनके देवर का भी देहांत हो गया और थोड़े दिन बाद उनकी बहू यानी छोटे बेटे की पत्नी भी गुज़र गई। तब उन्होंने तय किया कि उन्हें अब अपने दूसरे बेटे, यानी श्री भगवान रमण महर्षि के पास अरुणाचल में जाकर रहना चाहिए। यह 1906 की बात है।

उनके आने पर महर्षि थोड़ी बड़ी जगह में बने एक छोटे से घर में रहने लगे जिसे स्कंदाश्रम कहा जाता था जो कि उनके लिए ही बनाया गया था। वहां से भव्य तिरुवण्णामलै मंदिर का दर्शन होता था। माताजी ही उनके लिए भोजन बनाया करती थीं। कुछ समय बाद उनका वह छोटा बेटा भी उनके ही पास आकर रहने लगा जो कि विधुर हो चुका था। जितने वर्ष वह भगवान के पास रहीं, उस दौरान भगवान बड़े सूक्ष्म ढंग से उन्हें आत्मबोध की

परम अवस्था के लिए तैयार करते रहे थे। और, 1922 में उनकी मृत्यु शैया पर भगवान ने अपने स्पर्श द्वारा उन्हें उस अवस्था तक पहुंचा भी दिया। इस महत्वपूर्ण घटना का सविस्तार वर्णन मैं अगले अध्याय में करूंगा, लेकिन यहां इतना बताने की आवश्यकता तो मैं समझता ही हूं कि माताजी का दाह संस्कार नहीं किया गया था बल्कि प्रथानुसार उन्हें दफ़नाया गया था क्योंकि वह उस समय ज्ञानी हो चुकी थीं। बाद में मातृभूतेश्वर मंदिर का निर्माण किया गया। कुछ ही दिनों बाद, महर्षि पर्वत से नीचे आकर उसी मंदिर के निकट रहने लगे, इस कारण वह स्थान रमणाश्रम का आरंभिक बिंदु और फिर केंद्र ही बन गया। उस दिन के बाद से उनके भक्तों की संख्या तेज़ी से बढ़ती चली गई और उनकी शिक्षा पश्चिम तक पहुंचने लगी।

श्री रमण द्वारा अपने आश्रम में अपनी माताजी के लिए बनवाई गई समाधि का मूल स्वरूप।

महर्षि जब वहां आकर रहने लगे तो जल की आवश्यकता पड़ी। अपनी माताजी को दफ़नाए जाने के बाद शीघ्र ही भगवान ने निकट के ही एक स्थान की ओर संकेत किया तो उस स्थान पर खुदाई की गई, और वहां दो-तीन फ़िट नीचे ही पानी का सोता निकल आया। बाद में इसे एक बड़े और गहरे कुएं का रूप दे दिया गया। इसी कुएं से आज भी आश्रम के लिए जल की आपूर्ति की जाती है। रमणाश्रम के बारे में हम आगे सविस्तार चर्चा करेंगे, लेकिन पहले थोड़ा पीछे जाकर हम शिवप्रकाशम् पिल्लै के 1902 में यहां आने की ऐतिहासिक घटना की चर्चा कर लें।

रमणाश्रम में निर्मित मातृभूतेश्वर का आज का स्वरूप, इसे माताजी का मंदिर भी कहा जाता है।

अध्याय छः

शिवप्रकाशम पिल्लै और 'मैं कौन हूं?'

"अंतर्दृष्टा बनो और अंतर्चक्षु से हमेशा आत्मा का साक्षात्कार करो। तभी यह पता चलेगा कि प्रिय अरुणाचल, तुम ही सदा मेरा पथ-प्रदर्शन करते रहे हो।"

— अरुणाचल अक्षरमानमलै, अंक 44

इस पर्वत पर रहने के शुरुआती दिनों में यह युवा संत हमेशा आत्म-चेतना और परम-आनंद में डूबा रहता था। धीरे-धीरे जिज्ञासुओं का आना होने लगा। यह आमद शिवप्रकाशम् पिल्लै के आने से शुरु हुई। आरंभ में आने वाला यह भक्त दर्शनशास्त्र का एक ऐसा स्नातक था जिसका मन जिज्ञासाओं से भरा हुआ था। 1902 में जब वह भगवान से मिलने आया तो वह अपने साथ एक पूरी प्रश्नावली तैयार करके लाया था। भगवान द्वारा दिए गए उन प्रश्नों के उत्तर अविस्मरणीय थे और आत्मबोध के सभी गंभीर आकांक्षियों के लिए तो जैसे वे भगवान के संदेशों व उपदेशों की मूल पांडुलिपि ही बन गए थे। फिर तो जब भी कोई नया आगंतुक उनके आश्रम में आता था तो पठन-पाठन के लिए सबसे पहले उसे यही पाठ पढ़ने को दिया जाता था ताकि वह उनकी शिक्षा के सार

को जान सके, समझ सके। चूंकि श्री भगवान उन दिनों भी मौन का पालन कर रहे थे, इसलिए वह अपने उत्तर तब काग़ज़ पर लिख कर दिया करते थे। इससे पहले उन्होंने अपने भक्त गंभीरम् शेषय्यर को उनके आत्म-विचार संबंधी प्रश्नों के उत्तर भी इसी तरह लिख कर दिए थे। वे उत्तर बाद में *'सैल्फ़-एंक्वायरी'* नामक पुस्तक के रूप में प्रकाशित हुए। यह पुस्तक उनके आत्म-विचार के अभ्यास के वास्ते विभिन्न आयामो को समझाने वाला एक अनमोल शोधग्रंथ सिद्ध हुआ। चूंकि उनकी ऐतिहासिक मूलभूत संहिता – *'मैं कौन हूं?'* – बहुत अधिक महत्व रखती है इसलिए मैं उसे उसके पूर्ण रूप में यहां प्रस्तुत कर रहा हूं।

मैं कौन हूं? – (नान् यार?)

चूंकि इस संसार में हर कोई हमेशा सुखी रहने की इच्छा रखता है और दुख से सदा दूर ही रहना चाहता है, इसलिए हर कोई सबसे अधिक प्रेम स्वयं से ही करता दिखाई पड़ता है। सुख ही प्रेम का एकमेव कारण व ध्येय हो गया है। उस सुख को पाने के लिए, जो कि हमारा स्वभाव है, हमारी प्रकृति है – लेकिन जो हमें तब अनुभव होता है जब हम गहरी नींद में होते हैं जब कि हम मनरहित होते हैं – हमें स्वयं को जानना-समझना आवश्यक हो जाता है। उसके लिए, ज्ञान का मार्ग, और रूप-आकार की विवेचना करना ही प्रमुख साधन है, यानी यह जानने का प्रयास करना कि "मैं कौन हूं?"

1. *मैं कौन हूं?*

सात धातुओं से बना यह स्थूल शरीर, मैं नहीं हूं। सुनने वाली,

स्पर्श करने वाली, देखने वाली, चखने वाली और सूंघने वाली पांच ज्ञानेंद्रियां यानी कर्ण, त्वचा, नेत्र, जिह्वा और नासिका जो कि ध्वनि, स्पर्श, रूप, स्वाद और गंध का बोध कराती हैं, वह मैं नहीं हूं। बोलने वाली, गमन करने वाली, ग्रहण करने वाली, उत्सर्जन करने वाली और प्रजनन करने वाली यानी वाणी, गति, ग्रहण, उत्सर्जन और भोग-उपभोग करने वाली पांच कर्मेंद्रियां, यह मैं नहीं हूं। श्वास-निश्वास आदि प्रकार के पंचकर्म करने वाले पांच प्राण, मैं नहीं हूं। मैं वह मन भी नहीं हूं जो कि सोच-विचार किया करता है। मैं वह अज्ञान भी नहीं हूं जिसमें कि सांसारिक पदार्थों के संस्कार ही भरे रहते हैं; और, जिसमें न पदार्थ रहते हों और न ही क्रियाएं, वह भी मैं नहीं हूं।

2. *यदि इन में से मैं कोई नहीं हूं तो फिर मैं कौन हूं?*
इन में से हर चीज़ को 'नेति-नेति' की नीति द्वारा निरस्त करते जाने के बाद जो एकमात्र चैतन्य शेष रह जाए, वह मैं हूं।

3. *चैतन्य का स्वाभाविक स्वरूप क्या है?*
चैतन्य का स्वाभाविक स्वरूप है सच्चिदानंद (सत्-चित्-आनंद)।

4. *स्व का, आत्म-स्वरूप का, बोध कब होगा?*
अगर इस भासमान जगत को किनारे कर दिया जाए तो फिर उस आत्मस्वरूप का दर्शन हो जाता है जो कि द्रष्टा है।

5. *क्या तब तक आत्म-स्वरूप का बोध नहीं हो सकता जब तक कि इस भासमान जगत को (वास्तव की तरह) देखा जा रहा हो?*
जब तक इस भासमान जगत को वास्तव की तरह देखा जाता रहेगा तब तक आत्म-स्वरूप का बोध नहीं हो सकता।

अपने आश्रम की दीवार पर आराम करते हुए श्री रमण

6. क्यों?

द्रष्टा और दृश्य का मामला ऐसा है जैसे सांप और रस्सी का। रस्सी को तब तक रस्सी के रूप में नहीं देखा जा सकता जब तक कि देखने वाला रस्सी के सांप होने वाले भ्रम को पूरी तरह से निकाल नहीं देता। इसी प्रकार, आत्म-स्वरूप का बोध तब तक नहीं किया जा सकता जब तक कि इस भ्रम को नहीं निकाल दिया जाता कि यह जगत ही वास्तव है।

7. इस जगत को, जो कि दृश्य है, कब हटाया जा सकता है?

यह मन, जो कि सभी धारणाओं और सभी कर्मों का कारण है, अगर यह निश्चल, शांत और मौन हो जाए तो यह जगत ओझल हो जाता है।

8. मन का स्वभाव क्या है?

जिसे हम मन कहते हैं, वह स्व में निवास करने वाली एक आश्चर्यजनक शक्ति है। सारे विचार इस मन से ही उपजते हैं। विचार से अलग मन जैसी कोई चीज़ होती ही नहीं। अतः विचार ही मन का स्वभाव है। विचारों से अलग जगत जैसी किसी चीज़ का कोई स्वतंत्र अस्तित्व नहीं है। गहन निद्रा में कोई विचार नहीं रहता, और इसलिए वहां कोई जगत भी नहीं रहता। जाग्रत अवस्था में और स्वप्न-अवस्था में ही विचार रहते हैं, और इसीलिए उनमें जगत भी रहता है। जिस प्रकार मकड़ी अपने अंदर से धागा उत्सर्जित करती है और फिर उसे वापस अपने ही अंदर समेट लेती है, वैसे ही यह मन अपने ही अंदर से जगत को प्रक्षेपित करता है, और फिर उसे वापस अपने ही अंदर विलीन कर लेता है।

मन जब स्व से बाहर निकल आता है तब उसे जगत दिखाई देने लगता है। इसलिए, जब जगत ही सत्य प्रतीत हो रहा होता है तब स्व वहां नहीं होता है; और जब स्व सत्य की तरह प्रकाशित हो रहा होता है तब जगत दिखाई नहीं देता है। जब हम मन की प्रकृति को जानने-समझने में निरंतर लगे रहते हैं तब, ऐसा करने से, मन का समापन हो जाता है और तब शेष रह जाता है स्व जिसे आत्मा कहते हैं। मन का अस्तित्व हमेशा ही किसी स्थूल चीज़ से जुड़ा हुआ रहता है, उस पर निर्भर रहता है, उसका अपना कोई अस्तित्व नहीं होता। इस मन को ही सूक्ष्म शरीर या जीव कहा जाता है।

9. मन के स्वभाव को समझने के लिए समीक्षा का कौन सा मार्ग अपनाया जाए?

इस देह में "मैं" के रूप में जो सर उठाता है वह मन ही है। यदि कोई यह खोजबीन करे कि इस देह में "मैं" रूपी विचार पैदा कहां होता है तो उसे पता चलेगा कि वह हृदय में उत्पन्न होता है। यही है मन के उपजने का स्थान। अगर कोई "मैं", "मैं" के बारे में ही सोचता रहे तो भी वह इसी स्थान पर पहुंच जाता है। मन में उपजने वाले किसी भी विचार से पहले "मैं" का विचार ही सबसे पहले उभर कर आता है। इसके उपरांत ही अन्य विचारों का आना आरंभ होता है। इस उत्तम-पुरुषवाचक-सर्वनाम ("मैं") के प्रकट होने के बाद ही मध्यम-पुरुषवाचक-सर्वनाम (आप, तुम, तू) और अन्य-पुरुषवाचक-सर्वनाम (वह, वे, यह, ये) प्रकट होते हैं। इस "मैं" रूपी उत्तम-पुरुषवाचक-सर्वनाम के आए बिना मध्यम-पुरुषवाचक और अन्य-पुरुषवाचक-सर्वनाम अस्तित्व में आ ही नहीं सकते।

10. *यह मन निश्चल, शांत और मौन कैसे हो?*

इस समीक्षा के द्वारा कि 'मैं कौन हूं?' यह विचार ही कि 'मैं कौन हूं?' अन्य सभी विचारों को विनष्ट कर देगा। और फिर यह स्वयं भी वैसे ही विनष्ट हो जायेगा जैसे कि चिता की आग को उभाड़ने व उद्दीप्त करने के लिए प्रयुक्त किया गया बांस भी अंततः चिता की आग के साथ ही जल कर भस्म हो जाता है। और, फिर आत्म-ज्ञान उदित होता है।

11. *'मैं कौन हूं?' इस विचार पर लगातार क़ायम कैसे रहा जाए?*

जब अन्य विचार उत्पन्न हो रहे हों तब हमें उनके पीछे-पीछे नहीं चल देना चाहिए, बल्कि यह देखना चाहिए कि 'ये विचार किसको आ रहे हैं?' इस बात से कोई फ़र्क नहीं पड़ता कि कितने विचार उत्पन्न हो रहे हैं। जैसे ही और जब भी कोई विचार उत्पन्न हो तो तुरंत हमें पूरी तवज्जो और लगन से यह जानने की कोशिश करनी चाहिए कि 'यह विचार कहां से पैदा हो रहा है?' जो उत्तर उभर कर आयेगा वह होगा 'मुझ में से'। इस पर यदि व्यक्ति यह प्रश्न करे कि 'मैं कौन हूं?' तो मन जहां से आया था वहीं वापस चला जायेगा; और जो विचार उत्पन्न हुआ था वह निष्क्रिय हो जायेगा, बेदम हो जायेगा। इस प्रकार निरंतर अभ्यास करते-करते मन अपने स्रोत में ही ठहरे रहने की कला को सीख जायेगा।

यह सूक्ष्म मन जब बुद्धि व ज्ञानेंद्रियों के ज़रिए बाहर निकलता है, तब उसे स्थूल यानी सांसारिक नाम व रूप दिखाई देने लगते हैं, लेकिन जब वह हृदय में ही वास करने लगता है तब ऐसे नाम व रूप गायब हो जाते हैं। मन को विचरने के लिए बाहर न जाने देना, बल्कि उसे हृदय में ही स्थिर रखना — इसे अंतर्मुखी और आत्माभिमुखी होना कहते हैं और, मन को विचरने के लिए

हृदय से बाहर जाने देना – इसे बहिर्मुखी होना कहते हैं। इस प्रकार, जब मन हृदय में स्थिर रहता है तब ''मैं'', जो कि समस्त विचारों का जनक है, रहता ही नहीं है और जो फिर शेष रह जाता है, यानी आत्मा, वह प्रदीप्त हो उठता है। हम जो कुछ भी करें, उसे हमें ''मैं'' के बिना, अहंमन्यता के बिना, करना चाहिए। यदि हम इस प्रकार कर्म करेंगे तो हमारा हर कर्म शिव-स्वरूप होगा।

12. *मनोनिग्रह का क्या अन्य कोई उपाय नहीं है?*

आत्म-विचार के अलावा – खुद में उतर कर खुद को जानने के अलावा – इसका अन्य कोई कारगर उपाय नहीं है। यदि किसी अन्य उपाय से मन को नियंत्रित कर भी लिया जाए तो मन कुछ समय के लिए तो नियंत्रित हुआ, दबा हुआ लगेगा, लेकिन वह फिर बाहर निकल आयेगा। प्राणायाम द्वारा भी मन निश्चल और शांत किया जा सकता है, लेकिन वह तभी तक ऐसा रहेगा जब तक कि प्राण नियंत्रित रहेगा, उसके हटते ही मन फिर से चलायमान हो जायेगा और संचित वासनाओं और इच्छाओं के अनुसार पुनः भटकना शुरू कर देगा।

दरअसल मन का स्वभाव है – विचार। मन में सर्वप्रथम उभरने वाला विचार होता है – ''मैं'', और यही अहं, अहंकार होता है। जहां से अहं का उद्गम होता है वहीं से प्राण का उद्गम होता है, इसलिए मन जब निश्चल व शांत हो जाता है तब प्राण भी नियंत्रित हो जाता है और जब प्राण नियंत्रित हो जाता है तब मन निश्चल व शांत हो जाता है। गहरी नींद में मन तो निश्चल हो गया होता है लेकिन प्राण निश्चल नहीं होता। ऐसा ही विधाता का विधान है ताकि शरीर का बचाव किया जा सके – कहीं लोग यह न समझ बैठें कि व्यक्ति मर गया है। जाग्रत अवस्था में, और समाधि की अवस्था में भी, जब मन निश्चल व शांत रहता है तब

प्राण भी नियंत्रित रहता है। प्राण मन का स्थूल रूप है। मृत्यु का पल आने तक, मन ही प्राण को इस शरीर में बनाए रखता है, और जब यह शरीर मर जाता है तब मन प्राण को साथ ले जाता है। इस तरह, प्राणायम का अभ्यास मन का निग्रह करने, उसे निश्चल व शांत करने में सहायक तो रहता है लेकिन वह उसका अंत नहीं कर पाता है।

प्राणायाम की तरह ही ईश्वर की किसी छवि पर, प्रतिमा पर ध्यान लगाना, किसी मंत्र का जाप करना, उपवास या आहार-नियमन करना – या इसी प्रकार के अन्य कार्य केवल मन को शांत व निश्चल बनाने में ही सहायता करते हैं।

ईश्वर की किसी छवि या प्रतिमा पर ध्यान लगाने और मंत्रों के जाप करने से मन एकाग्र हो जाता है। मन का स्वभाव हमेशा ही चंचल और चलायमान रहना है। जिस प्रकार, किसी हाथी की सूंड को एक जंजीर पकड़ा दी जाए तो फिर वह अपनी सूंड से किसी और चीज़ को न पकड़ते हुए बस उसी जंजीर को थामे रहता है, उसी प्रकार जब मन किसी नाम या छवि में रत रहता है तब वह किसी और चीज़ को थामने की सोच भी नहीं सकता। मन जब असंख्य विचारों के रूप में फैलता है तब कोई भी विचार प्रबल नहीं हो पाता है, लेकिन जब विचार विलीन हो जाते हैं तब मन एकाग्र और सबल हो जाता है; ऐसे मन के लिए आत्म-विचार, आत्म-विवेचन करना सरल हो जाता है। आत्म-अनुशासन के जितने भी नियम हैं उनमें सात्विक भोजन करना – वह भी शुद्ध, अगरिष्ठ (हल्का), शाकाहारी और उचित मात्रा में लेना – श्रेयस्कर होता है। इस नियम पर चलने से मन में सतोगुण की वृद्धि होती है, जो कि आत्म-विचार में सहायक सिद्ध होती है।

13. *संचित विषय-वासनाओं के विचार समुद्र की लहरों की भांति एक के बाद एक चले आते रहते हैं। वे सब कब ख़त्म होंगे?*

आत्म-ध्यान जितना ऊंचा और ऊपर उठता जायेगा, विचार उतने ही ख़त्म होते जायेंगे।

14. *क्या यह संभव है कि अनादिकाल से चलती आ रहीं इन विषय-वासनाओं का अंत हो जाए और हम शुद्ध-आत्मा के रूप में बने रहें?*

इस उलझन में पड़ने के बजाय कि 'क्या यह संभव है या नहीं है?', हमें आत्मा पर अपना ध्यान लगातार केंद्रित रखना चाहिए। कोई व्यक्ति यदि महापापी है तो भी न तो उसे चिंता करने की आवश्यकता है और न ही शोक या संताप करने की आवश्यकता है, ''अरे, मैं तो बड़ा पापी हूं, मेरा उद्धार कैसे होगा?'' उसे इस विचार को पूरी तरह त्याग देना चाहिए कि वह पापी है, और पूरी लगन के साथ आत्मा पर ध्यान केंद्रित रखना चाहिए। तब उसे निश्चित रूप से सफलता मिलेगी। ऐसा नहीं है कि मन दो होते हैं, एक अच्छा मन और एक बुरा मन। मन तो केवल एक ही है। ये तो वासनाएं हैं जो कि अच्छी या बुरी, मंगलकारी या अमंगलकारी होती हैं। मन जब मंगलकारी वासना के प्रभाव में रहता है तब उसे अच्छा मन कहा जाता है, और जब वह अमंगलकारी वासनाओं के प्रभाव में रहता है तब उसे बुरा मन कहा जाता है।

मन को सांसारिक विषयों और वस्तुओं में भटकने देना नहीं चाहिए और न ही उसे दूसरों के मामलों में हस्तक्षेप करने देना चाहिए। कोई कितना भी बुरा क्यों न हो, उसके लिए मन में कोई द्वेष नहीं रखना चाहिए। राग और द्वेष, दोनों ही अनुचित हैं। जो कुछ आप दूसरों को दे रहे होते हैं, दरअसल वह आप खुद को ही दे रहे होते हैं। यदि यह सत्य समझ में आ जाए तो भला

कौन दूसरों को देना नहीं चाहेगा। जब किसी का अहंकार सिर उठाता है तो संसार सिर उठाने लगता है, और जब अहंकार शांत हो जाता है तब सब कुछ शांत हो जाता है। हम जितनी अधिक विनम्रता के साथ व्यवहार करेंगे, उतना ही अधिक मंगलकारी परिणाम पायेंगे। जब किसी का मन शांत हो जाता है, फिर वह कहीं भी रह सकता है।

15. *यह आत्म-विचार कब तक करते रहना चाहिए?*

जब तक मन में विषय-वासनाओं का वास रहे तब तक ''मैं कौन हूं?'' यह खोज, यह पड़ताल जारी रहनी चाहिए। कोई विचार ज्यों ही उत्पन्न हो, उसे, इसी अन्वेषण की सहायता से, उसके उद्गम में ही तभी के तभी ख़त्म कर दिया जाना चाहिए। आत्म-बोध हो जाने तक यदि कोई आत्म पर अविरल और अविराम रूप से ध्यान-चिंतन-मनन करता रहे तो इतना ही काफ़ी है, इतने से ही बात बन जायेगी। दुश्मन जब तक दुर्ग के अंदर रहेंगे तब तक वे चोट करते ही रहेंगे, लेकिन यदि उनके पैदा होते ही उनका ख़ात्मा कर दिया जाए तो दुर्ग पूरी तरह हमारे हाथों में रहेगा।

16. *आत्मा की प्रकृति क्या है?*

जो सत्य में स्थित है केवल वही आत्मा है। जगत, जीव, और ईश्वर — ये सब इसमें उसी प्रकार भासते हैं जैसे कि सीप में चांदी का आभास होता है, ये तीनों एक ही समय में प्रकट होते और एक ही समय में ओझल हो जाते हैं। आत्मा वह है जिसमें ''मैं'' जैसा कोई विचार कदापि नहीं रहता। यही होती है ''नीरवता'', ''शांतता''। यह आत्मा स्वयमेव जगत है, यह आत्मा स्वयमेव ''मैं'' है, यह आत्मा स्वयमेव ईश्वर है, सब कुछ शिव है, आत्मा है।

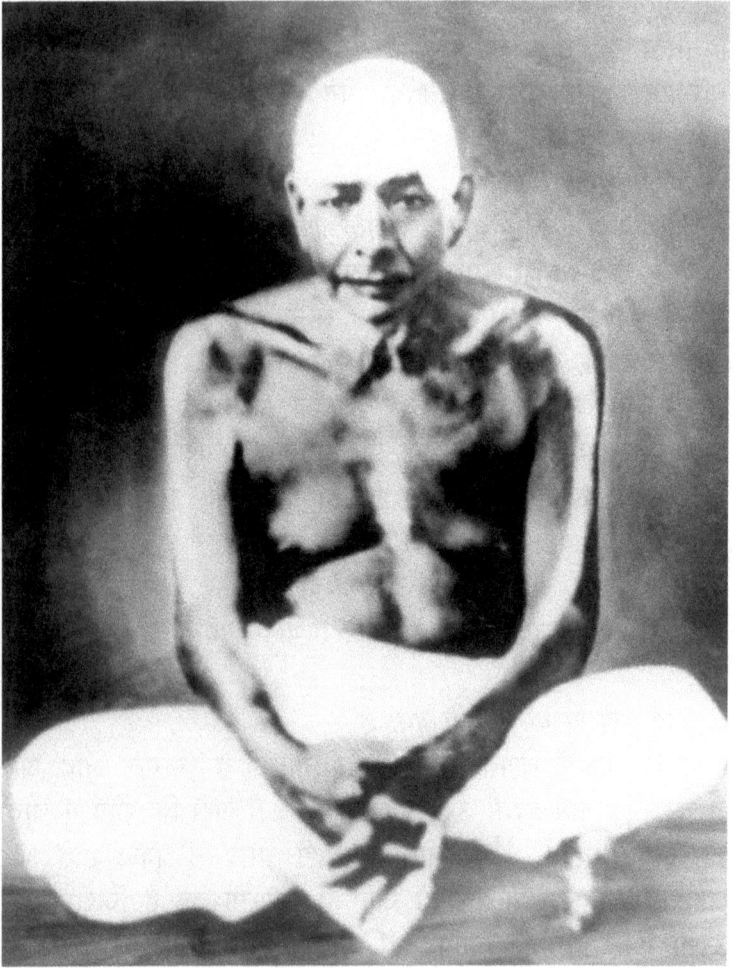

श्री शिवप्रकाशम् पिल्लै श्री रमण महर्षि के आरंभिक भक्तों में से एक थे।

17. *जो कुछ भी हो रहा है क्या वह ईश्वर द्वारा ही नहीं किया जा रहा है?*

सूर्य बिना किसी इच्छा या संकल्प किए हुए उदित होता है, और उसकी उपस्थिति मात्र से सूर्यकांत मणि अग्नि उत्सर्जन करने लगती है, कमल खिल जाते हैं, जल भाप बनने लगता है, लोग अपने काम-काज में लग जाते हैं, और फिर रात में विश्राम करते हैं। जिस प्रकार चुंबक की उपस्थिति में सूईं हिलने-डुलने लगती है, उसी प्रकार ईश्वर की उपस्थिति मात्र से कॉस्मिक त्रिकर्मों, अथवा दिव्य पंचकृत्यों, द्वारा नियंत्रित सकल जीव अपने-अपने कर्मानुसार कार्य किया करते हैं और फिर विश्राम करते हैं। ईश्वर का कोई संकल्प नहीं है; वह किसी कर्म से बंधता नहीं है। यह ऐसा ही जैसे संसार में होने वाले क्रियाकलाप सूर्य पर कोई असर नहीं डालते, या चारों तत्वों (पृथ्वी, जल, अग्नि, वायु) के गुण-दोष सर्वव्यापी आकाश पर कोई असर नहीं डालते।

18. *भक्तों में श्रेष्ठ कौन होता है?*

स्वयं को जो इस आत्मा को, यानी परमात्मा को, समर्पित कर देता है, वही सर्वश्रेष्ठ भक्त होता है। स्वयं को परमात्मा को समर्पित कर देने का अर्थ है सदा-सर्वदा आत्मा में स्थिर रहते हुए आत्मा के विचार के अलावा किसी भी अन्य विचार को उठने देने की गुंजाइश ही न छोड़ना। ईश्वर के जिम्मे जो काम है, उन्हें ईश्वर ज़िम्मेदारी से करता है। चूंकि ईश्वर की परम शक्ति ही सब चीज़ों को चलाने वाली है तो फिर हम ऐसा क्यों करें कि स्वयं को उस शक्ति के प्रति समर्पित तो करें नहीं बल्कि खुद हर समय इस तरह की चिंता में घुलते रहें कि हमें क्या करना चाहिए और कैसे करना चाहिए, तथा क्या नहीं करना चाहिए और कैसे नहीं करना चाहिए? अगर हम रेल में सफ़र कर रहे हों तो हम जानते हैं कि वह रेल ही सारा वज़न ढो रही है, तो रेल में चढ़ने के

बाद अपना सामान रेल के फ़र्श पर रख कर आराम से बैठ जाने के बजाय हम अपने सामान को अपने ही सिर पर क्यों रखें रहें और उसके बोझ तले दबे रहें?

19. अनासक्ति क्या होती है?

विचार ज्यों ही पैदा हो तो उसे तभी के तभी और वहीं के वहीं इस तरह विनष्ट कर देना कि उसका कोई भी अवशेष न रहे, यही अनासक्ति है। जिस प्रकार मोती खोज लाने वाला गोताखोर अपनी कमर में एक पत्थर बांधकर समुद्र की तली तक पहुंच कर वहां से मोती ले आता है, उसी प्रकार हम में से हर एक को अनासक्त भाव से रहना आना चाहिए – हम खुद अपने भीतर गोता लगाएं और आत्मा रूपी मोती को हासिल करें।

20. क्या ईश्वर और गुरु जीव को मुक्त नहीं करा सकते?

ईश्वर और गुरु तो मुक्ति का केवल मार्ग दिखा सकते हैं, वे आत्मा को स्वयं लेकर मुक्ति की अवस्था तक नहीं पहुंचा सकते। वस्तुत:, ईश्वर और गुरु अलग-अलग नहीं हैं। जिस प्रकार बाघ के जबड़े में आया हुआ शिकार बच कर नहीं जा सकता, उसी प्रकार जो गुरु की अनुकंपा-दृष्टि के दायरे में आ जाता है वह फिर भटकता नहीं है, गुरु उसका उद्धार कर देता है। फिर भी, ईश्वर और गुरु द्वारा दिखाए गए मार्ग पर चल कर मुक्ति तक पहुंचने का प्रयास हर एक को खुद ही करना होगा – यह यात्रा उसे स्वयं ही करनी होगी। स्वयं को हम केवल अपने ही ज्ञान-चक्षु से देख कर जान सकते हैं, किसी और की आंखों से देख कर नहीं। राम को क्या यह देखने के लिए दर्पण की आवश्यकता होगी कि वह राम है?

21. *मुमुक्षुओं के लिए – मुक्ति की इच्छा रखने वाले के लिए – क्या तत्वों की प्रकृति को जानना आवश्यक है?*

जिस प्रकार वह व्यक्ति जो कूड़ा फेंकने जा रहा हो उसे उस कूड़े का विश्लेषण करने की और यह देखने की आवश्यकता नहीं होती कि उसमें क्या-क्या है, उसी प्रकार जो व्यक्ति आत्मा को जानना चाहता हो उसे तत्वों का वर्गीकरण करने या उनकी संख्या जानने की आवश्यकता नहीं होती। उसे तो बस इतना करना होता है कि वह उन तमाम तत्वों को पूरी तरह नकारता जाए, हटाता जाए, जिन्होंने कि आत्मा को ढक रखा है। इस संसार को सपने जैसा समझना चाहिए।

22. *क्या जाग्रत अवस्था और स्वप्नावस्था में कोई अंतर नहीं है?*

बस इतना ही कि स्वप्नावस्था थोड़े पलों की होती है और जाग्रत अवस्था लंबी होती है, इसके अलावा दोनों में कोई अंतर नहीं है। जैसे कि जागी अवस्था में जो कुछ घट रहा होता है वह वास्तविक प्रतीत होता है, उसी प्रकार स्वप्नावस्था में सपने में होती घटनाएं भी वास्तविक लगती हैं। सपने में मन एक और ही शरीर धारण कर लेता है। जगे रहने और सपने देखने, दोनों अवस्थाओं में विचार, नाम और रूप एक साथ आते रहते हैं।

23. *मोक्ष की इच्छा रखनेवालों को शास्त्र पढ़ने की कोई उपयोगिता है?*

सभी शास्त्रों का यही कहना है कि मुक्ति पाने के लिए मन का निग्रह करना आवश्यक है, यानी उनकी शिक्षाओं का सार एक ही है कि मन को निश्चल व शांत रखा जाए। एक बार जब यह बात समझ में आ जाए तो फिर शास्त्रों को पढ़ते रहने की आवश्यकता नहीं रह जाती। मन को निश्चल व शांत रखने के लिए हमें केवल अपने भीतर खोजना होगा कि हमारा आत्मस्वरूप क्या है।

यह खोज शास्त्रों में, ग्रंथों में कैसे की जा सकती है? अपने आत्मस्वरूप को अपनी ही ज्ञानदृष्टि से देखना-जानना होगा। यह आत्मा पंचकोशों के भीतर है, लेकिन ग्रंथ तो उनसे बाहर हैं। चूंकि आत्मस्वरूप का दर्शन इन पंचकोशों को हटा देने से ही होता है, इसलिए ग्रंथों में उसे ढूंढना बेकार है। एक समय ऐसा आयेगा जब हमें वह सब कुछ भुला देना होगा जो कि हमने सीखा है, जाना है।

24. सुख क्या है?

आत्मा का सहज स्वभाव है – सुख। सुख और आत्मा भिन्न नहीं हैं। संसार की किसी भी वस्तु में कोई सुख नहीं है। अपने अज्ञान और अविवेक के कारण हम इस ग़लतफ़हमी के शिकार रहते हैं कि सांसारिक वस्तुओं से हमें सुख की प्राप्ति हो रही है। मन जब-जब बहिर्मुखी होता है तब-तब उसे दुख ही प्राप्त होता है। लेकिन वास्तविकता यह है कि जब मन की इच्छा पूरी हो जाती है तब वह घर वापस आ जाता है और फिर उस सुख को अनुभव करता है जो कि दरअसल अंतरात्मा का होता है।

इसी प्रकार, निद्रावस्था में, समाधि की अवस्था में, मूर्छावस्था में, और उस अवस्था में कि जब हमें कोई मनपसंद वस्तु प्राप्त हो जाती है या नापसंद वस्तु हटा दी जाती है, तब मन वापस अंतर्मुखी हो जाता है और विशुद्ध आत्मानंद का अनुभव करता है। इस प्रकार, बारंबार अंतरात्मा से बाहर जाता हुआ और फिर उसी में वापस आता हुआ मन हमेशा ही बेकल, बेचैन और चलायमान रहा करता है। पेड़ के नीचे की छांव सुखद होती है, जब कि खुले में धूप झुलसा देने वाली होती है। जो व्यक्ति धूप में चला आ रहा हो वह जब छांव में आता है तो उसे ठंडक पहुंचती है। लेकिन जो (बिना बात ही) छाया से धूप में और धूप से छाया में

चक्कर लगा रहा हो, उसे तो मूर्ख ही कहा जायेगा। समझदार तो छाया में ही ठहरा रहेगा। इसी प्रकार, जिस व्यक्ति के मन ने सत्य को जान लिया हो, वह ब्रह्म, यानी सत्-चित-आनंद, को छोड़ कर अन्यत्र कहीं नहीं जाता। लेकिन इसके विपरीत, अज्ञानी का मन इस संसार में ही इधर-उधर फिरता रहता है, दुख उठाता रहता है, और कुछ पलों के लिए ही लौट कर ब्रह्म में आता है कि कभी तो कुछ सुख अनुभव कर लिया जाए। दरअसल, जिसे हम संसार कहते हैं, वह केवल विचार का खेल है। जब कभी भी संसार ओझल हो जाता है, यानी जिन पलों में कोई विचार नहीं रहता तब मन बड़ा सुख अनुभव करता है; लेकिन जब संसार यानी विचार पुनः प्रकट हो जाता है तब मन फिर से दुखों की दीर्घाओं में से गुजरने लगता है।

25. *ज्ञान-दृष्टि क्या होती है?*

शांत रहने को ही ज्ञान-दृष्टि का होना कहा जाता है। शांत रहने का अर्थ है मन का अंतरात्मा में लीन रहना। दूसरों के विचारों को पढ़ने या प्रभावित करने वाला पारेंद्रिय ज्ञान, भूत, भविष्य तथा वर्तमान को जानने वाला त्रिकालदर्शी ज्ञान, और अतींद्रियदर्शी होना – इनको ज्ञान-दृष्टि नहीं कहा जा सकता।

26. *वैराग्य और ज्ञान के बीच क्या संबंध है?*

वैराग्य ही ज्ञान है। इन दोनों में कोई अंतर नहीं है, ये दोनों एक ही हैं। वैराग्य होता है मन को सांसारिक वस्तुओं से विरत रखना, और ज्ञान होता है अंतरात्मा के अतिरिक्त किसी भी वस्तु को मन में प्रकट न होने देना। दूसरे शब्दों में, अंतरात्मा के अतिरिक्त किसी अन्य वस्तु की चाहना न करना ही अनासक्ति है और अंतरात्मा को न छोड़ना ज्ञान है।

27. आत्म-विचार और ध्यान में क्या अंतर है?

मन को अंतरात्मा में स्थिर रखना आत्म-विचार है। और, मैं ब्रह्म हूं – ऐसा निरंतर भाव रहना ध्यान है।

28. मुक्ति क्या है?

बंधनों में पड़े हुए आत्म-स्वरूप का अन्वेषण करना और अपने सच्चे स्वरूप को पहचानना – यही है मुक्ति।

नवनिर्मित आश्रम में श्री भगवान की गतिविधियां दिन निकलने से काफ़ी पहले ही आरंभ हो जाया करती थीं। उन्हें बहुत ही कम नींद की आवश्यकता होती थी और वह भोर में 4.00 बजे उठ जाया करते थे। फिर कुछ अन्य घनिष्ठ भक्तों के साथ वे मौन ध्यान करने, और भजन गाने के लिए उस जगह एकत्र हो बैठते थे जिसे अब ओल्ड-हॉल कहा जाता है। दिन निकल आने पर वे सब रसोई में पहुंचते थे जहां श्री भगवान के नेतृत्व में सब्ज़ियां काटी जाती थीं और खाना बनाने की तैयारी शुरू हो जाती थी – यह काम पूरी सावधानी, तत्परता और सटीकता के साथ किया जाता था। श्री भगवान का इस बात पर विशेष आग्रह रहता था कि सभी भक्तों को बराबर मात्रा में भोजन मिले। फिर हल्के नाश्ते के लिए सब लोग नए और सुचारू रूप से निर्मित भोजन-कक्ष में एकत्र होते थे। इसके बाद महर्षि लिखने-लिखाने के काम में व्यस्त हो जाते थे, जैसे प्रूफ़रीडिंग करना, उसमें सुधार करना और आए हुए पत्रों के उत्तर लिखवाना क्योंकि वह स्वयं कभी पत्र नहीं लिखा करते थे। अन्य भक्त अपने-अपने अन्य कार्यों में लग जाते थे, जैसे बागबानी, पूजा, खाना बनाना या आवश्यकतानुसार दूसरे

स्कंदाश्रम में रहने के दौरान श्री रमण

काम करना। गायों और गरीबों को खिला दिए जाने के बाद, दिन का भोजन 11.30 बजे परोसा जाता था। भोजन के उपरांत महर्षि कोई ऐसा काम अपने हाथ में ले लेते थे जिस पर बहुत ध्यान दिए जाने की आवश्यकता होती थी, जैसे किताबों की जिल्द बांधना, या पन्नों को सीना। तीन बजे के बाद आगंतुक आने लगते थे जो कि पुराने विशाल कक्ष में अपने दीवान पर आराम से बैठे महर्षि के सम्मुख अपने प्रश्न रखा करते थे।

शुद्धभाव से पूछे गए प्रश्नों के उत्तर वह तत्परता से दिया करते थे। बिल्कुल दक्षिणमूर्ति की तरह ही वह अपने दर्शन देते समय मौन रहते हुए गहरी दृष्टि से सब को देखा करते थे – सौभाग्यशाली भक्त की विशुद्ध आत्मा को जगाने वाला दृष्टिपात करते हुए। सौभाग्य से, 1935 से 1939 के बीच उनसे पूछे गए प्रश्नों के उत्तरों का आने वाली पीढ़ियों के लिए अंग्रेज़ी में अनुवाद कर दिया गया था जिसे उन्होंने स्वयं अनुमोदित भी कर दिया था, और जो बाद में, एक पुस्तक के रूप में प्रकाशित भी हुए। श्री रमण के साथ हुए ये वार्तालाप खरे सोने के समान बहुमूल्यवान हैं और विश्व भर में फैले उनके भक्तों के लिए प्रेरणा के स्थायी स्रोत हैं।

सूर्यास्त का समय ध्यान के लिए सर्वोत्तम समय माना जाता था। ध्यान के बाद, शाम होने पर रात का हल्का भोजन लिया जाता था। इस तरह, जिस आश्रम का एक छोटा सा बीज बोया गया था, वह महर्षि के भक्तों और परिजनों के प्रबंधन में एक विशाल फलता-फूलता वृक्ष का रूप ले चुका था।

इन वर्षों के दौरान, महर्षि ने बड़े महत्व की पुस्तकों की रचना की जो कि पद्य में थीं, जैसे अरुणाचल के लिए अनेक भजन,

उपदेश सारम्, उल्लादु नारपादु इत्यादि। उन्होंने आदि शंकराचार्य के ग्रंथों को संस्कृत से तमिल में अनुवाद भी किया और उसमें सुधार भी किया, जैसे *आत्म बोध*। श्री भगवान के स्वयं के उपदेश एवं शिक्षाएं अक्सर उस महान मनीषी की शिक्षाओं के समतुल्य ही हुआ करती थीं। आगे हम अरुणाचल में व्यतीत हुए उनके बीच के वर्षों पर चर्चा करेंगे।

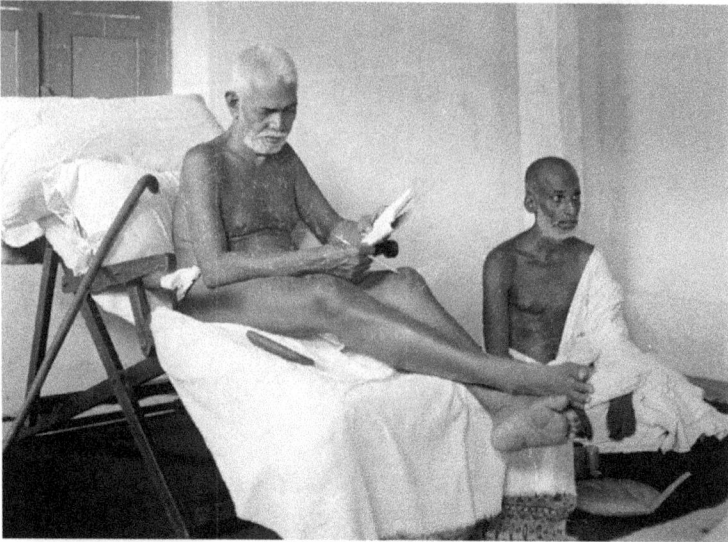

किसी पांडुलिपि में सुधार करते हुए श्री रमण

भगवान के इस चित्र को 'दक्षिणमूर्ति' कहा जाता है क्योंकि इसमें वह दक्षिण की ओर मुख किए हुए विराजमान हैं।

अध्याय सात

अरुणाचल में श्री रमण का मध्यवर्ती समय

"इस संसार में माता-पिता के रूप में लालन-पालन करते हुए तुमने मेरे हृदय में प्रवेश किया है, और जब मैं संसार की माया के गहन समुद्र में गिरने वाला था तब तुमने ही मुझे बचाया और अपने चरणों में स्थान दिया। मैं तुम्हारी अद्भुत कृपा का कैसे बयान करूँ? ओ अरुणाचल, तुम तो स्वयं चेतना हो।"

– द नेक्लेट ऑफ़ नाइन जैम्स, अक 9

इस बात में कोई संदेह नहीं है कि जगद्गुरु के रूप में दी गईं श्री भगवान रमण महर्षि की शिक्षाएं पूरे विश्व के लिए थीं। यह एक बिल्कुल नई बात थी क्योंकि इससे पहले यह सर्वोच्च ज्ञान गोपनीय था और केवल परंपरागत गुरुओं के दीक्षित हिंदू ब्राह्मणों के लिए ही विशेषाधिकार के रूप में आरक्षित रखा जाता था।

पॉल ब्रंटन (राफ़ेल हर्स्ट) लंदन के एक सफल पत्रकार थे और रहस्यवाद तथा धर्मों के तुलनात्मक अध्ययन में बहुत रुचि रखते थे। अंततः, वास्तविक आध्यात्मिक सत्य की खोज में वह भारत आए। मार्गदर्शन पाने के लिए वह विख्यात कांचीपीठ के शंकराचार्य के

पॉल ब्रंटन, पत्रकार

पास गए जिन्होंने उन्हें रमण महर्षि के पास जाने का सुझाव दिया, क्योंकि शंकराचार्य का यह मानना था कि नियति ने ही महर्षि को ब्रंटन का गुरु नियत कर दिया था। फिर तो ब्रंटन ने श्री भगवान के साथ कई अत्यंत महत्वपूर्ण बैठकें की और परिसंवाद किए और उनसे बहुत प्रभावित भी हुए। यहां तक कि उनके द्वारा लिखी गई पुस्तक *ए सर्च इन सीक्रेट इंडिया*, जिसमें कि उन्होंने अपनी भारत यात्रा और श्री भगवान के साथ हुई बैठकों का वर्णन किया है, वह 1930 के दशक में अंतर्राष्ट्रीय स्तर पर अमेरिका और यूरोप में सर्वाधिक बिकने वाली पुस्तक रही।

इसने अनेक पश्चिमी हस्तियों को अरुणाचल आने और श्री भगवान के दर्शन करने के लिए प्रेरित कर दिया था, उनमें से उल्लेखनीय हैं मेजर ऐलन चाड़विक ओ.बी.ई. जो कि बाद में साधु बन कर अरुणाचल में ही रहने लगे थे, और दूसरे थे मद्रास के वरिष्ठ राजनयिक ग्रांट डफ़। जाने-माने ऑक्सफ़र्ड विद्वान आर्थर ओस्बॉर्न भी अरुणाचल आने वाले भक्तों में रहे। सुविख्यात अंतर्राष्ट्रीय मनोविश्लेषक सी. जी. जुंग ने तो महर्षि के सम्मान में एक ग्यारह पृष्ठीय पुस्तिका ही लिख दी थी जिसे उन्होंने हेनरिच ज़िमर की पुस्तक *द वे टू सैल्फ़* के लिए लिखी अपनी प्रस्तावना में शामिल कर दिया था। बाद में वह पुस्तिका उनके कलेक्टेड वर्क्स में भी प्रकाशित की गई।

पश्चिम से आने वालों को जो चीज़ विशेष रूप से भाती थी, वह महर्षि की शांत-प्रशांत उपस्थिति थी। उनमें से प्रस्फुटित होता हुआ प्रेम और उनकी अगाध शांतता, साथ ही उनकी सरल और सीधी शिक्षा जो कि अपने सामान्य जीवन शैली को बदले बिना और हिंदू धर्म के किसी कर्म-कांड में पड़े बिना ही आत्म-विचार करने और आस्था पर चलने को संभव बनाती थी।

अब हम भगवान की माताजी अलगम्माल के देहांत, उनकी मुक्ति तथा समाधि की महत्वपूर्ण घटना पर ग़ौर करते हैं।

मां अलगम्माल की हार्दिक इच्छा थी कि उनकी अंतिम सांस उनके प्रिय इस ऋषि पुत्र की बांहों में निकले। वह उनसे कहा करती थीं, "भले ही तुम मेरे मृत शरीर को इन कंटीली झाड़ियों में फेंक देना, लेकिन मेरा दम तुम्हारे हाथों में निकले!"

लेकिन भगवान तो हर चीज़ को यथार्थतः देखा करते थे और मृत्यु तो उनके लिए बस एक शब्द था, केवल रूप-आकार का एक विषय था। वह कहा करते थेः

"देह बदलने के अलावा मृत्यु और क्या है? बस नाम बदल जाता है। लेकिन, जहां तक आत्मा की बात है, वह थोड़े ही बदलती है।"

मई 1922 में उनकी माता गंभीर रूप से बीमार हो गईं थीं। जो भी चिकित्सा संभव थी वह प्रेमपूर्वक उन्हें दी गई। श्री रमण अक्सर उनकी शैया के पास ही बैठे रहते थे, लेकिन उनका अंत समय निकट आता लगने लगा था। भगवान जानते थे कि अब उनका कर्तव्य यही है कि वह उन्हें सांत्वना दें, शांत रखें, और उनके अंत

समय में उन्हें जितना आध्यात्मिक संबल दे सकते हैं वह दें। उन्होंने अपना सीधा हाथ माताजी के दम फूलते हुए सीने पर रखा और बायां हाथ मज़बूती से उनके मस्तक पर रखा। यह एक प्रकार का प्रतीक था कि माताजी का मन आध्यात्मिक हृदय में प्रवेश करे, और यही तो भगवान की महान शिक्षा का अनिवार्य अंग था।

भक्त लोग राम-नाम का कीर्तन कर रहे थे ताकि अपनी मृत्यु के समय माताजी ब्रह्म के प्रति चैतन्य रहें – गीता में ऐसा ही बताया गया है। श्री रमण और उनकी माताजी के बीच एक खींचतान होती लग रही थी। वह सूक्ष्म अनुभवों की एक श्रृंखला से गुजरती लग रहीं थीं, लेकिन भगवान के स्पर्श ने एक ऐसा धारा-प्रवाह उत्पन्न कर दिया था जिससे उनकी आत्मा अपने इधर-उधर के भटकाव से हट कर उनके हृदय में वापस आ गई थी। जब समस्त वासनाएं या इच्छाएं विनष्ट हो गईं तब आत्मा शांति की चिर अवस्था और मुक्ति के कमल में प्रवेश कर गई, जिसका ध्वनि की एक विशेष थरथराहट से साफ़ पता भी चल गया था। भगवान ने कहा:

''अभी, विगत की वासनाओं का अंबार बार-बार उठ रहा था और फिर वे सब विनष्ट हो गईं... मैंने देखा कि मां के प्राण पूरी तरह हृदय में विलीन हो गए हैं... जीवन पूर्ण हुआ।''

19 मई को माताजी ने शांतिपूर्वक अपना शरीर छोड़ दिया। एक समाधि तैयार की गई और उन्हें वहां लिटा दिया गया। नयन ने बताया कि उनका मुख-मंडल देदीप्यमान था और दिव्य आभा से प्रदीप्त हो रहा था। भगवान को संतोष था कि उनकी साधना और ईश्वर की कृपा से उनकी माता मुक्ति पा गई थीं।

जैसा कि मुक्त हुए व्यक्ति के लिए परंपरा है, उनके शरीर का दहन नहीं किया गया बल्कि पर्वत के चरणों में उन्हें दफ़न कर दिया गया और वहां एक प्रतीक चिन्ह स्थापित कर दिया गया। जल्दी ही, भगवान ने भी पर्वत पर रहना छोड़ कर नीचे अपनी माता की समाधि के निकट रहने का निर्णय ले लिया। बाद में वहां माताजी को समर्पित एक सुंदर मंदिर का निर्माण किया गया जो कि इस पवित्र स्थान पर आने वाले और ध्यान लगाने वाले सभी भक्तों को आध्यात्मिक संबल पहुंचाता है।

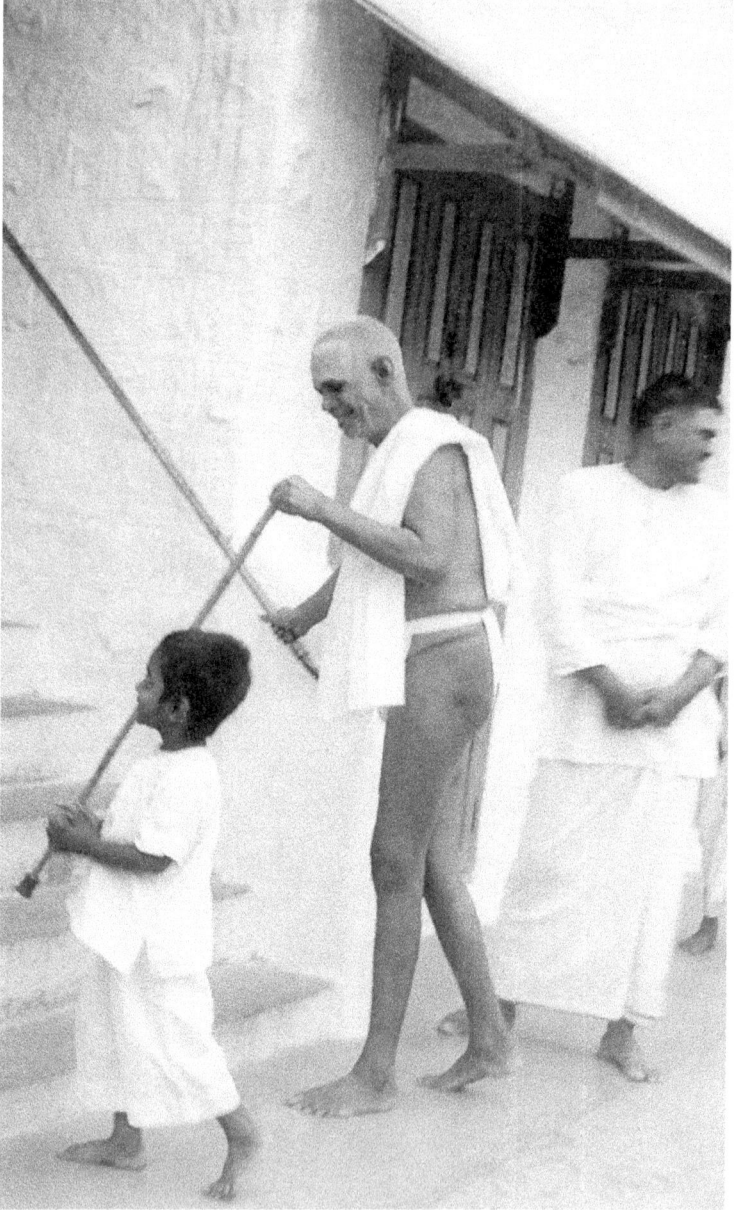

श्री रमण को सीढ़ियों से भोजन-कक्ष की ओर ले जाता हुआ एक बालक।

अध्याय आठ

बच्चों और पशु-पक्षियों के प्रति श्री रमण का प्रेम

"हे अरुणाचल, जो अपने मन को तुझे समर्पित कर देता है और तेरा साक्षात्कार कर लेने पर सारे संसार को तेरा ही प्रतिबिंब मानने लगता है; जो सर्वदा तेरी स्तुति करता है और तुझे ही अपने आत्मा की तरह प्रेम करता है, वह ऐसा स्वामी हो जाता है जिसका सानी नहीं होता क्योंकि वह तेरे साथ अभिन्न व एकाकार हो गया होता है और तेरे अलौकिक आनंद में जिसने स्वयं को विलीन कर लिया होता है।"

— अरुणाचल पंचरत्न, अंक 5

जैसा कि मैं पहले बता चुका हूं, श्री रमण सहज रूप से पशुओं और पक्षियों की बात समझ भी सकते थे और अपनी बात उन तक पहुंचा भी सकते थे।

जो गाय, गिलहरियां, बंदर, बिल्लियां, कुत्ते और पक्षी इस आश्रम में रहा करते थे, भगवान उनसे उसी तरह स्नेह करते थे, उसी तरह उनकी देखभाल करते थे जैसा कि वहां रहने वाले लोगों की किया करते थे। वह किसी भी पशु या पक्षी के साथ बुरा बर्ताव नहीं होने देते थे। वह कहा करते थे, "हम नहीं जानते कि इन

(पशु-पक्षियों) के शरीरों में कौन-कौन सी आत्माएं निवास किए हुए हैं; और अपने कर्मों के न जाने कौन से अधूरे हिस्से को पूरा करने के लिए वे हमारा संग-साथ चाहती हैं।''

इन पशुओं में सबसे प्रसिद्ध रही है एक गाय जिसका नाम लक्ष्मी था। कहा जाता है कि वह उस 'सब्जी वाली अम्मा' का पुनर्जन्म थी जिसने इस सदी के शुरू में रमण का एक तरह से भरण-पोषण किया था, और जो इधर-उधर घूम-घूम कर भगवान और उनके भक्तों के लिए बड़ी लगन से सब्ज़ियां एकत्र करके लाया करती थी।

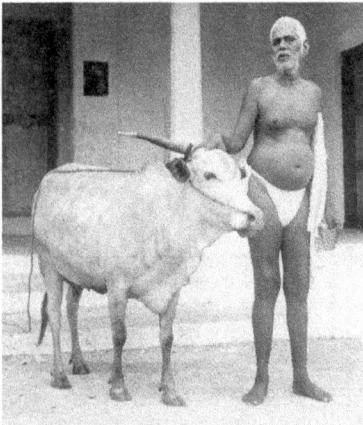

लक्ष्मी, आश्रम कि पवित्र गाय।

लक्ष्मी की कहानी इतनी अनोखी व आश्चर्यजनक है कि अलौकिक लगती है। लक्ष्मी को गौशाला में रखा गया था जहां कि वह आश्रम के पवित्र गोकुल की निर्विवाद नेता बन गई थी। वह हमेशा ही बड़ी गरिमामयी चाल से चला करती थी और अक्सर उस मुख्य हॉल में आ जाती थी जहां भगवान बैठे विश्राम कर रहे होते थे। जब भगवान के साथ बैठे लोग या आश्रम के परिचारक लोग वहां हटाने के लिए उसे तिकतिकाते तो वह उनसे कह देते थे, ''रहने दो, रहने दो; वह अपने घर ले जाने के लिए मुझे बुलाने आई है।'' उसके घर से उनका मतलब गौशाला से होता था। सही समय पर वह उन्हें वहां ले जाया करती थी। भगवान से मिलने का कोई न कोई अवसर वह रोज़ ही निकाल लिया करती थी। भगवान उससे

बात करते थे और जवाब में वह अपना सिर ऐसे हिलाती थी जैसे उनकी बात समझ रही हो।

18 जून 1948 को लक्ष्मी परलोक सिधार गई। उसके मरने से कुछ देर पहले ही, महर्षि उसके बराबर में ही सूखी घास पर बैठे गए थे। उन्होंने उसका मुंह अपने दोनों हाथों में लेकर ऊपर उठाया और फिर हौले-हौले अपना एक हाथ उसके मुंह और गले पर फेरा। उसके बाद अपना बायां हाथ उसके सिर पर रखते हुए वह अपने दाहिने हाथ से उसके गले के नीचे उसके हृदय तक हल्के-हल्के दबाते चले गए। उनके दिव्य स्पर्श से लक्ष्मी की बाहर जाती सांस और उसके शरीर का हिलना-डुलना कम होने लगा। उसे मृत्यु का भय नहीं लग रहा था क्योंकि भगवान उसे मोक्ष दिलाने में उसकी सहायता कर रहे थे।

श्री रमण अक्सर यह कहा करते थे कि जिन मनुष्यों ने पशु योनि में जन्म लिया है, उन्हें उनकी मृत्यु के समय मुक्त किया जा सकता है। श्री भगवान के हॉल के सामने ही लक्ष्मी की समाधि बनाई गई। उसकी स्मृति में अभी भी वहां पूजा की जाती है। उसके समाधिलेख पर लिखे शब्द स्वयं भगवान ने लिखे थे, जो कि तमिल में हैं और इस प्रकार हैं: ''एतद्द्वारा अंकित किया जाता है कि गैया लक्ष्मी सर्वधारी वर्ष के ज्येष्ठ मास के शुक्ल पक्ष की द्वादश तिथि, दिन शुक्रवार को विशाखा नक्षत्र में मोक्ष को प्राप्त हुई।''

आश्रम में तब भी उतने ही कुत्ते थे जितने कि अब हैं। उनमें से एक था चिन्ना करुप्पन, जिसे भगवान 'बड़े सिद्धांत वाला' कहा करते थे। उसके बारे उन्होंने बताया, ''जब हम विरुपाक्ष गुफ़ा में रहते थे तो कोई काली सी चीज़ उधर से, लेकिन दूर से ही, गुज़र जाया करती थी। कभी-कभी हम झाड़ियों के ऊपर से झांकते

हुआ उसका सिर ही देख पाते थे। उसका वैराग्य बहुत प्रबल लग रहा था। वह किसी के साथ नहीं रहता था, दरअसल वह किसी से मिलने-जुलने से बचता था। हम उसकी स्वाधीनता और वैराग्य का सम्मान करते थे और उसके लिए कुछ खाना उसके स्थान के निकट रख आते थे। फिर एक दिन, जब हम पहाड़ी पर ऊपर की तरफ़ जा रहे थे, कुरुप्पन रास्ते के परली तरफ़ से कूद कर आया और जोशीले अंदाज़ में दुम हिलाता हुआ मेरे पास आ गया। तब से वह मेरे साथ आश्रम में ऐसे रहता है जैसे मेरे घर का सदस्य हो।"

कमला नाम की एक और कुतिया थी जो कि कमाल की थी। जब श्री रमण उससे कहते, "इस मेहमान को आश्रम दिखा कर लाओ", तो वह आगंतुक को हर गुफ़ा और हर कुंड पर घुमाते हुए पर्वत का चक्कर लगा कर ले आती थी। एक और अन्य कुत्ता था – जैकी – जो कि महान तपस्वी था। वह केवल उतना ही खाता था जितना कि उसे दे दिया जाता था, और फिर वह अपना सारा समय महर्षि के आस-पास की किसी मांदनुमा गुफ़ा में बिताता था – शांत और मौन बैठे हुए। उसकी मृत्यु होने पर उसके सम्मानस्वरूप उसे आश्रम के अहाते में ही दफ़नाया गया था और उस स्थान पर एक छोटा सा गुंबद भी बना दिया गया था।

आश्रम में रह रहे बंदरों के बीच जब भी कोई लड़ाई-झगड़ा होता था तो वे हमेशा महर्षि के पास चले आते थे और तब महर्षि उनकी समस्या का समाधान करते हुए उन्हें कुछ सलाह दे दिया करते थे और बंदर भी संतुष्ट होकर चले जाते थे। एक बार ऐसा हुआ कि बंदरों के एक दल के सरदार ने दल के दो बंदरों को दल से निकाल दिया। इस बात से बाकी बंदरों में असंतोष फैल गया था। महर्षि की सलाह पर वह सरदार अचानक ग़ायब हो गया और दो सप्ताह तक वन में तपस्या करने के बाद वापस आया।

एक चहेते कुत्ते के साथ अपने आश्रम में टहलते हुए श्री रमण

उसने अपने आलोचकों को चुनौती दी, और उन्होंने अपना झगड़ा छोड़ दिया, और उनमें फिर कभी झगड़ा हुआ भी नहीं। रमणाश्रम द्वारा प्रकाशित अनेक ऐसी घटनाएं हैं जो कि बताती हैं कि भगवान ने अपने जीवन काल में पशु-पक्षियों के साथ अनेक बार संवाद किया था, उन पशुओं में एक तेंदुआ भी शामिल है। और तो और, उनकी गुफ़ा में सांप भी उनके साथ रहा करते थे।

एक बार श्री रमण ने गिलहरियों के बीच होने वाली एक बड़ी लड़ाई में सुलझ-समझौता करा दिया था, तब से वे बड़े प्यार से उनके दीवान पर दौड़ लगाती रहती थीं और उसके आजू-बाजू में और तकिये में जैसे छुपन-छुपाई का खेल खेलती रहती थीं। पैर में चोट खाए एक हिरन की भी भगवान ने खूब सेवा की थी, उसका नाम वल्ली रख गया था। उसके अंत समय में भगवान ने उसका सिर अपनी गोद में रख लिया था और हौले-हौले थपकी देते रहे थे। आधी रात के बाद ही भगवान अपने आसन पर वापस लौटे थे। करुणा के अवतार के हाथों से वल्ली को भी मुक्ति प्राप्त हो गई थी। वल्ली को भी आश्रम के अहाते में ही दफ़नाया गया और उस जगह भी एक छोटा सा गुंबद बना दिया गया। उन्होंने एक लंगड़ी बिल्ली की भी बड़े जतन से देख-भाल की थी जो बाद में आश्रम से कहीं चली गई। आश्रम में रहने वाले मोरों का भी वह बहुत ध्यान रखते थे।

एक बार भगवान पहाड़ी के जंगल में से गुज़र रहे थे कि उनकी बाईं जंघा इत्तफ़ाक से ततैयों के एक छत्ते से रगड़ गई जिससे छत्ते में खलबली मच गई। इससे पहले कि वह आगे बढ़ पाते, ततैयों का एक झुंड भनभनाता हुआ आया और उसी जंघा पर आ चिपटा और उसमें डंक मारने लगा। उन्होंने कहा, ''हां, हां, यही वह पैर है जिसने तुम्हारे छत्ते को टक्कर मारी है।

इसे सज़ा तो मिलनी ही चाहिए।'' वे तब तक वहां से नहीं हिले जब तक कि ततैये सज़ा देकर संतुष्ट नहीं हो गए और वापस नहीं उड़ गए।

ये घटनाएं और इनकी कथाएं सचमुच अद्भुत और अनोखी हैं, और एक परम गुरु के रूप में उन्हें चित्रित करती हैं, और यह बताती हैं कि एक उदार, उन्नत व उत्कृष्ट मनुष्य से जीव-जंतु भी सचमुच प्रेम करने लगते हैं। एक तरह से यह ऐसा ही है जैसा कि बाइबिल में भविष्यवाणी की गई है कि मसीही युग में मानवता बहुत उन्नत व उत्कृष्ट हो चुकी होगी और शेर व बकरी एक ही घाट पर पानी पी रहे होंगे, और वातावरण पुनः वैसा ही हो जायेगा जैसे 'एडेन गार्डन' में हुआ करता था।

आश्रम में बड़ी संख्या में रहने वाले बच्चों और भक्तों का भी भगवान बड़ा ध्यान रखते थे, और उनसे प्रेम करते थे। आश्रम में रहने वाली ऑक्सफ़र्ड प्रोफ़ेसर और लेखक आर्थर ओस्बॉर्न की बेटी किट्टी ने मन मोह लेने वाली ऐसी अनेक घटनाओं का संग्रह किया है। उसने भगवान की शिक्षाओं पर भी अनेक महत्वपूर्ण किताबें लिखी हैं। एक बार भगवान ने उससे कहा था, ''अगर किट्टी मेरे बारे में सोचेगी तो मैं भी उसके बारे में सोचूंगा।'' उनका यह कहना उसके मन में बना रहा और उसके बचपन और फिर पूरे जीवन की एक मंगलकारी पृष्ठभूमि ही बन गया था।

एक दिन भगवान के एक भक्त सी. सोमसुंदरम् और उमा पिल्लै अपने छः वर्षीय पुत्र नटराजन को लेकर उनके पास आए।

आश्रमवासियों के बच्चों के साथ श्री रमण (ऊपर बैठे हुए)

जैसे ही उस लड़के ने आश्रम में प्रवेश किया तो वह बोल उठा, ''मैं यहां पहले भी आ चुका हूं!'' उसने आश्रम में अपने जीवन की कई बातें याद करके सुनाईं। तब श्री भगवान ने उस बालक में बहुत रुचि दिखाई क्योंकि वह अपने पूर्व जन्म में आश्रमवासी रह चुका था।

तंजौर की जानकी माता भगवान के बड़े भक्तों में थीं। उनकी बेटी पद्मा सीतापति के एक पुत्र था – जानकीरमणम्, जिसकी नेत्र-ज्योति तभी चली गई थी जब वह कोई तीन वर्ष का था। पद्मा ने भगवान को पत्र लिखा और अपने पुत्र पर अपनी कृपा करने की प्रार्थना की। उत्तर आया, ''ईश्वर की कृपा से बच्चे की नेत्र-ज्योति पूरी तरह लौट आयेगी।'' चालीस दिन तक वह लड़का अपनी आंखें नहीं खोल पाया। कार्थीगई दीपम के दिन लड़के को तंजौर मंदिर लाया गया और अचानक ही उसे मूर्तियां दिखाई देने लगीं। घर आकर भी उसे अच्छी तरह दिखाई देने लगा। वह चिल्लाने लगा, ''मुझे भगवान दीख रहे हैं, मुझे माताजी दीख रही हैं!'' लेकिन पद्मा ने भगवान को बताया कि वह बच्चा अभी भी रतौंधी से पीड़ित था। उन्होंने कुछ पल उस लड़के को स्थिर दृष्टि से देखा, तो उसे भगवान का सिर दीखने लगा। उस लड़के की रतौंधी चली गई थी।

आश्रम की पत्रिका द *माउंटेन पाथ* के पूर्व संपादक वी. गणेशन बताते हैं, ''जब मैं तीन या चार साल का रहा होऊंगा, तब एक अविस्मरणीय घटना घटी। मैं बहुत स्वस्थ और गोलमटोल बच्चा था। आश्रम की रसोई में काम करने वाली बड़ी उम्र की महिलाओं का मैं लाडला था। वे लाड़ से मुझे बिगाड़ रही थीं लेकिन मैं तो परोसे गए खाने पर टूट पड़ने को हो जाता था। परंतु, भगवान सिर हिला कर संकेत दिया करते थे कि सब को खाना परोस दिया

जाए तब सब खाना शुरू करना। सब के साथ बराबरी के बारे में वह बहुत सख्त थे।

"एक दिन मेरी इच्छा हुई कि मैं भगवान को भोजन परोसूं। मैं तो बहुत छोटा था, इसलिए सहायकों ने मुझे ऐसा करने की अनुमति नहीं दी। मैं रोने लगा और मैंने हंगामा खड़ा कर दिया। इस कोलाहल की तरफ़ श्री भगवान का ध्यान गया और उन्होंने पूछा कि क्या मामला है। पूरी बात जानने पर उन्होंने रसोई वालों से कहा, "उसे नमक की एक छोटी कटोरी और एक छोटी चम्मच दे दो और हर पत्तल पर उसे थोड़ा-थोड़ा नमक रखने दो।" मेरा रोना-धोना एकदम थम गया और भगवान द्वारा यह बताए जाने के बाद कि कितना-कितना नमक रखना है, मैंने अपना काम तत्परता से पूरा कर दिया। हॉल से लौटते समय उन्होंने मेरे हाथ पर लिखे मेरे नाम पर हल्के से चूंट लिया और बोले, "मैंने तो गणेशन को चूंटा है, 'तुम्हें' नहीं। गणेशन क्या है? क्या वह यह हाथ है?"

छोटे बच्चों के प्रति उनके प्रेम तथा स्नेहपूर्ण देखभाल की ऐसी अनेक कथाएं हैं। जीव जगत के साथ बातचीत करने का उनका विशेष गुण व प्रेम तथा 'बच्चों के साथ चुहल करना' उनकी महानता के परिचायक हैं, और ये बातें उनकी परम गुरु होने की प्रतिष्ठा को असंदिग्ध बनाती हैं।

चिन्नास्वामी और दिवारत के साथ सुखासन में बैठ हुए श्री रमण

अध्याय नौ

श्री रमण से मिलने वाले महान संत-मनीषी

"हे अरुणाचल, मैं तेरी ही कृपा से तुझमें ही समा गया हूं, जहां केवल वही समा सकते हैं जो विचार-रहित हो गए हों और इस प्रकार शुद्ध आत्मा हो गए हों।"

— अरुणाचल माहात्म्य, अंक 47(ख)

भगवान के मार्गदर्शन से और उनकी कृपा से अनेक भक्तों ने आत्म-ज्ञान की गौरवमयी और उच्च अवस्था को प्राप्त किया। बचपन से ही आश्रम में रह रहे उनके एक संबंधी वी. गणेशन ने मुझे बताया कि उसके अनुमान के अनुसार भगवान के जीवन काल में कम से कम चालीस भक्तों ने मोक्ष पाया। हालांकि उन में से सभी किसी ज्ञानी के रूप में तो विख्यात नहीं हुए लेकिन भगवान द्वारा महासमाधि ले लिए जाने के बाद उन में से अधिकांश ने एक गृहस्थ जैसा जीवन जीना और अपने ज्ञान को शांति से तथा बिना किसी आडंबर के फैलाना बेहतर समझा, किंतु उनमें से कुछ बहुत प्रसिद्ध संत भी हुए।

स्वामी रामदास

उनमें से एक थे सुप्रसिद्ध स्वामी रामदास जिन्होंने बाद में कन्हंगड में आनंदाश्रम की स्थापना की। उनके बारे में *द माउंटेन पाथ* में दिया गया एक रोचक प्रसंग है। आनंदाश्रम द्वारा प्रकाशित अपनी आरंभिक आत्मकथा *भगवान की तलाश* में स्वामी रामदास ने बताया है कि महर्षि की कृपा से किस प्रकार उन्हें दिव्य दृष्टि प्राप्त हुई। कुछ साल बाद उन्होंने इस पूरी घटना का विवरण दिलीप कुमार रॉय को दिया जिन्होंने इसे अपनी पुस्तक *द फ्लूट कॉल्स स्टिल* में पुनः प्रस्तुत कियाः

"मैंने पूछा, 'पापा, क्या आप हमें अंततः प्राप्त अपने उस ज्ञान के बारे में कुछ बतायेंगे जिसे लोग विश्वरूप दर्शन कहते हैं?' इस पर उन्होंने तुरंत मेरा आग्रह स्वीकार कर लिया और अपने अंदर सुलगती हुई उस महत्वाकांक्षा और ललक का सविस्तार वर्णन किया जो उन्हें खींच कर अरुणाचल ले गई थी, वह अरुणाचल जो कि सुविख्यात ज्ञानी-पुरुष श्री रमण महर्षि के तप से पुनीत-पवित्र हो गया था।

"सहृदय साधुराम एक दिन इस रामदास को श्री रमण महर्षि के दर्शन कराने ले गया। उनका आश्रम पर्वत की तलहटी में था। दोनों ने उस आश्रम में प्रवेश किया, और महर्षि के सामने पंहुचने पर मैंने उनके पवित्र चरणों में साष्टांग प्रणाम किया। हालांकि वह कम उम्र के थे लेकिन उनके चेहरे पर शांति विराजमान थी, और उनकी बड़ी-बड़ी आंखों में सौम्यता का एक ऐसा निर्विकार भाव था जो उनसे मिलने आने वालों पर शांति व आनंद का एक मंत्रमुग्ध

कर देने वाला प्रभाव छोड़ता था। रामदास को बताया गया कि महर्षि अंग्रेज़ी भी जानते हैं, इसलिए उन्होंने उनसे निवेदन कियाः 'महाराज, आपके सामने यह विनीत सेवक उपस्थित है। उस पर दया कीजिए। उसकी एकमात्र प्रार्थना है कि उसे अपना आशीर्वाद दीजिए।'

"तब महर्षि ने अपने सुंदर-सौम्य नेत्रों से रामदास की तरफ़ देखा और उनकी आंखें में अपनी सधी हुई दृष्टि से कुछ देर तक ऐसे देखते रहे जैसे वह अपनी आंखों के ज़रिए अपना आशीर्वाद रामदास में उड़ेल रहे हों। फिर उन्होंने अपना सिर हिलाया और कहा कि उन्हें आशीर्वाद दे दिया गया है। अवर्णनीय आनंद की एक लहर रामदास के शरीर में दौड़ गई, उसका सारा शरीर एक पत्ते की भांति कांपने लगा था... फिर श्रीराम की सत्प्रेरणा से रामदास ने वहीं कुछ दिन एकांतवास में रहने की इच्छा व्यक्त की... साधुराम तो उनकी इस इच्छा पूरी करने के लिए पहले से ही तैयार था।

"बिना समय गंवाए साधुराम उन्हें मंदिर के पीछे वाली पहाड़ी पर ले चला। चढ़ाई चढ़ते हुए उसने रामदास को कई गुफ़ाएं दिखाईं। उनमें से एक छोटी गुफ़ा को रामदास ने चुन लिया और अगले दिन से वह आकर उसमें रहने लगे। इस गुफ़ा में वह भगवान राम के गहन ध्यान में कोई एक महीने तक डूबे रहे। यह पहली बार था कि भजन-पूजन के लिए श्रीराम उन्हें किसी एकांत में ले गए थे। चूंकि वह वहां राम के साथ अपना मिलन निर्बाध रूप से स्थापित कर पा रहे थे, इसलिए वहां उन्हें अत्यधिक आनंद की अनुभूति हो रही थी। वास्तव में, वह अवर्णनीय आनंद के समुद्र में गोते लगा रहे थे। इस आनंद के स्रोत में श्रीराम का अपना ध्यान लगाने का अर्थ होता है विशुद्ध आनंद की अनुभूति करना... वह परमानंद की कामना में राम नाम का जाप कर रहे थे

कि तभी, अचानक ही, भगवान राम उनके सामने प्रकट हो गए और नर्तन करने लगे।

"'आपने उन्हें बंद आंखों से देखा था या खुली आंखों से?' मैंने बीच में ही पूछ लिया, तो पापा का उत्तर था, 'बिल्कुल खुली आंखों से, ठीक वैसे ही जैसे रामदास तुम्हें देख रहा है।' लेकिन ऐसे क्षणभंगुर दर्शन की लालसा नहीं थी रामदास को, क्योंकि वह जानते थे कि इस प्रकार का दर्शन स्थाई नहीं होगा और जैसे ही भगवान अंतर्धान होंगे वैसे ही रामदास पुनः अपने अंधकार में लौट आयेंगे। इसलिए, उन्होंने उनके महान दर्शन के लिए प्रार्थना की – उस परम दर्शन की जो कि चिर-स्थाई रहता है, कभी विदा नहीं होता – इसे विश्वरूप दर्शन कहा जाता है; हर पल, हर वस्तु में, हर व्यक्ति में राम के ही दर्शन होना। इससे कम कुछ भी रामदास को संतुष्ट नहीं कर सकता था।

"पापा कुछ पल के लिए रुके और फिर पुनः अपनी परम आनंदित करने वाली मुस्कान के साथ बोले, 'और एक दिन सुबह यह दैववाणी की तरह घटित हो ही गया – और, तब सारा भूदृश्य ही बदल गया था। सब कुछ राममय हो गया था, राम के अलावा कुछ नहीं था – बिल्कुल स्पष्ट, अद्‌भुत, परमानंद से परिपूर्ण – पेड़, पौधे, जीव, जंतु सब – यहां तक कि निर्जीव चीज़े भी राम की अद्‌भुत उपस्थिति से स्पंदित हो गई थीं। और तब रामदास आनंद से नाचने लगे थे, उस लडके की तरह जिसे अपना मनचाहा उपहार मिल जाए तो फिर वह नाच उठने से खुद को रोक नहीं पाता है।

"यही बात रामदास के साथ हुई थी। आनंद से वह नाच उठा था, और उसने दौड़ कर एक पेड़ का आलिंगन किया लेकिन वह

पेड़ नहीं था बल्कि स्वयं राम थे। एक आदमी उधर से गुज़र रहा था, रामदास उसकी तरफ़ दौड़े और 'राम, हे राम!' कहते हुए उसे गले से लगा लिया। वह आदमी तो घबरा गया और खुद को छुड़ा कर वहां से भाग निकला। रामदास ने उसका पीछा किया और उसे जबरन अपनी गुफ़ा में ले आए। उस आदमी ने ध्यान दिया कि रामदास के मुंह में दांत तो हैं ही नहीं, इससे उसे यह तो तसल्ली हो ही गई कि यह पागल कम से कम उसे काटेगा तो नहीं! यह किस्सा सुनाते हुए वह ज़ोर से हंस पड़े थे और हम भी अपनी हंसी रोक नहीं पाए थे। हंसी का यह फव्वारा जब थमा तो मैंने पूछा, 'फिर क्या हुआ?' 'यह आनंद, यह आह्लाद स्थायी तौर पर आया था, जैसे कोई प्रचंड जलधारा पर्वत शिखर से तब तक नीचे दौड़ती चली जाती है जब तक कि वह किसी शांत, निर्मल, और कल-कल करती नदिया की तरह बहने लायक स्थान तक नहीं पहुंच जाती। इस अनुभूति को सहज समाधि कहा जाता है, इसमें आप उस परम के साथ एकाकार हो जाने की चैतन्यता से स्वयं को कभी भी अलग नहीं कर पाते हैं जो कि सर्वत्र और सर्वस्व हो गया है, और जिसमें रहते हुए आप ऐसा महसूस करते हैं जैसे आप सब में हैं, क्योंकि आपने यह दर्शन कर लिया है कि सब कुछ वही है, उसके अतिरिक्त कुछ नहीं है, कुछ भी नहीं।'''

अंत में हम आनंदाश्रम द्वारा प्रकाशित पत्रिका *विज़न* में चालीस साल बाद स्वामी रामदास द्वारा दिए गए एक कथन को यहां दे रहे हैं: "रामदास संसार को पूरी तरह भूल जाने की अवस्था में रमण महर्षि के पास पहुंचा था। उनके सान्निध्य में रामदास ने अपने अंदर परमानंद की एक तरंग महसूस की। महर्षि ने रामदास में चैतन्यता को स्थाई रूप से स्थापित कर दिया था।"

श्री हरिवंश लाल पूंजा

श्री भगवान से आत्म-ज्ञान प्राप्त करने वाले अगले मनीषी थे अत्यंत प्रभावी और सुविख्यात हरिवंश लाल पूंजा, जिन्हें लोग पापाजी के नाम से अधिक जानते हैं। पापाजी की जीवनी *'नथिंग एवर हैप्पंड'* के अपने तीन अत्युत्तम खंडों में डैविड गॉडमैन ने हमें बताया है कि तिरुवण्णामलै में किस तरह पापाजी और श्री भगवान की मुलाकात हुई।

''एक साधु मेरे घर पर भोजन मांगने आया। मैंने उसे अंदर बुलाया, कुछ भोजन दिया और उससे वही प्रश्न पूछा जो कि हर समय मेरे मन में घूमता रहता था, 'क्या आप मुझे ईश्वर के दर्शन करा सकते हैं? अगर नहीं तो क्या आप किसी ऐसे को जानते हैं जो दर्शन करा सकता हो?' और मेरे आश्चर्य का ठिकाना नहीं रहा जब उसने उत्तर हां में दिया, 'हां, मैं एक व्यक्ति को जानता हूं जो आपको ईश्वर के दर्शन करा सकता है। यदि आप जाएं और उससे मिलें तो आपके लिए सब कुछ ठीक हो जायेगा। उनका नाम रमण महर्षि है।'

''मैंने उस साधु की सलाह मानी और रेल से तिरुवण्णामलै के लिए रवाना हो गया। वहां उतरने पर पता चला कि महर्षि का आश्रम शहर के उस पार करीब तीन किलामीटर दूर है। इसलिए अपने सामान और खुद के लिए मैंने एक बैलगाड़ी की। जैसे ही मैं आश्रम पंहुचा, मैं तुरंत बैलगाड़ी से कूद कर उतरा, अपना सामान पुरुष-डोरमिटरी में पटका और उस व्यक्ति की तलाश में निकल पड़ा जो मुझे ईश्वर के दर्शन करा सकता था। मैंने उनकी खिड़की

से झांक कर देखा। अंदर सोफ़े पर जो बैठा हुआ था वह वही आदमी था जो मेरे घर आया था – पंजाब में ... श्री रमण महर्षि! मैं जैसे लड़ने के मूड में उनके सामने जा पहुंचा और पूछा, 'क्या आप वही आदमी हैं जो पंजाब में मेरे घर आया था?' महर्षि मौन रहे। मैंने फिर पूछा, 'क्या आप ही मेरे घर आए थे और मुझसे यहां आने के लिए बोला था? क्या आप वही आदमी हैं जिसने मुझे यहां भेजा है?' इस पर भी महर्षि कुछ नहीं बोले। चूंकि वह मेरे इन दोनों ही सवालों के जवाब देना नहीं चाह रहे थे, इसलिए मैं वहां आने के अपने प्रयोजन पर आ गया और पूछा, 'क्या आपने ईश्वर को देखा है? अगर हां तो क्या आप मुझे भी ईश्वर दिखा सकते हैं? मैं कोई भी कीमत देने को तैयार हूं, अपना जीवन भी, लेकिन सौदा इसी बात पर होगा कि आप मुझे ईश्वर का दर्शन करायेंगे।'

''वह बोले, 'नहीं, मैं तुम्हें ईश्वर नहीं दिखा सकता और न ही तुम्हें ईश्वर देखने योग्य बना सकता हूं क्योंकि ईश्वर कोई वस्तु नहीं है जिसे देखा जा सकता हो। ईश्वर तो कर्ता है। वह तो द्रष्टा है। उस सब से सरोकार रखना छोड़ दो जिन्हें देखा जा सकता है। उसे जानो जो द्रष्टा है।' फिर उन्होंने आगे कहा, 'तुम ही ईश्वर हो', वे जैसे मुझे झिड़कते हुए रहे थे कि मैं किसी ऐसे ईश्वर को खोज रहा हूं जो मुझसे बाहर और अलग है। अपनी बात को पूरा कर लेने के बाद उन्होंने मेरी तरफ़ देखा और सीधे मेरी आंखों में देखा। तब मेरा पूरा शरीर कंपायमान हो गया। एक प्रबल ऊर्जा की तरंग मेरे पूरे शरीर में बहुत तेज़ी से घूम गई। लग रहा था जैसे मेरी तंत्रिकाओं के छोर नाच रहे हैं। मेरे सिर के बाल अपनी जड़ों पर खड़े हो गए थे। अपने भीतर मुझे आध्यात्मिक हृदय का बोध हुआ। वह शारीरिक हृदय नहीं होता। बल्कि, वह तो जो कुछ भी अस्तित्व में है उस सब का स्रोत और संबल होता है। उस हृदय के अंदर जो मैंने देखा या महसूस किया वह कुछ ऐसा लगा जैसे

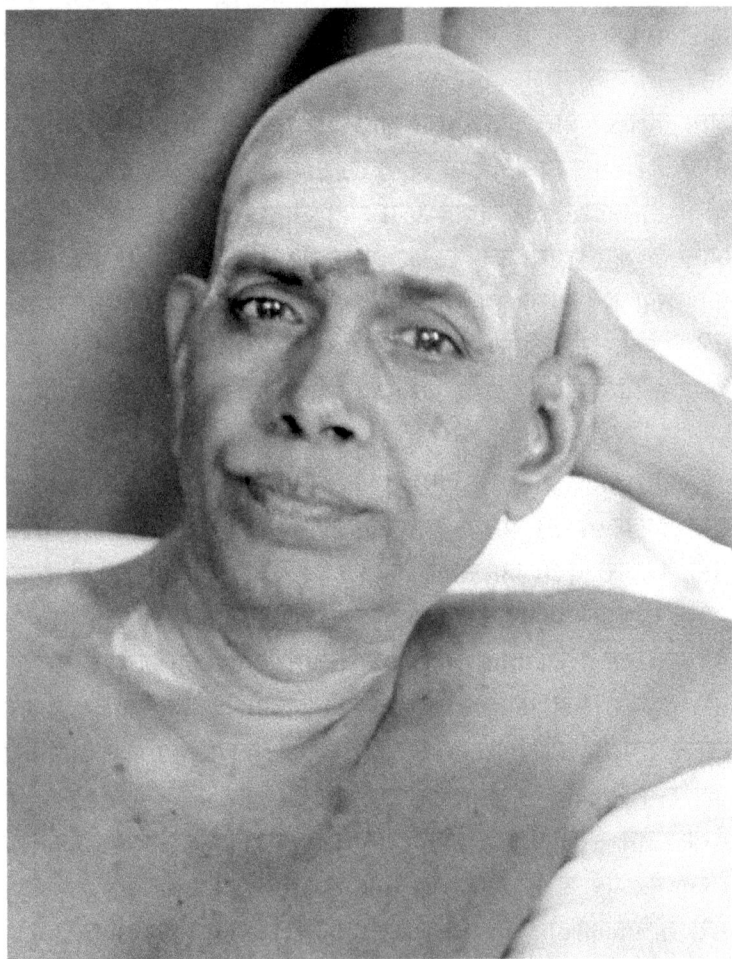

श्री रमण की दृष्टि भक्तों के हृदय में भीतर तक उतर जाती थी।

वहां कोई एक बंद कली है। वह बहुत चमकीली थी और उसमें नीलिमा थी। तब वहां थे बस मुझे देखते हुए महर्षि और अपनी भीतरी नीरवता में मैं, इस सब के बीच मुझे वह कली खुलती और खिलती लगने लगी थी। मैं उसे 'कली' कह तो रहा हूं लेकिन यह उसके लिए सही शब्द-चित्रण नहीं है, बल्कि यह कहना अधिक उचित होगा कि कोई कली जैसे रूप-आकार की एक चीज़ हृदय में खुल और खिल गई थी। और यहां 'हृदय' से मेरा तात्पर्य यह नहीं है कि यह खुलना शरीर के किसी अंग विशेष में हो रहा था। वह हृदय, मेरे हृदय का भी हृदय, न तो मेरे शरीर के अंदर था और न ही बाहर था। सच बात तो यह है कि जो कुछ उस दिन घटित हुआ था उसका ज्यों का त्यों वर्णन तो मैं कर ही नहीं सकता।

"मैं केवल इतना कह सकता हूं कि महर्षि के सान्निध्य में, और उनके दृष्टिपात के अंतर्गत, हृदय खुल गया था और खिल गया था। वह एक ऐसा अनोखा और अद्भुत अनुभव था जो मेरे लिए अभूतपूर्व था। मैं ऐसे किसी अनुभव की तलाश या इच्छा के साथ यहां नहीं आया था, इसलिए जो कुछ वहां घटित हुआ उसने मुझे पूरी तरह चकित और विस्मित कर दिया था।

"मैं वहां कोई एक सप्ताह रहा था – अपने भक्ति भाव में निमग्न काम करता हुआ। इस दौरान कई बार कृष्ण मेरे सामने प्रकट हुए और हमने साथ-साथ खेलते हुए खूब समय बिताया।

स्कंदाश्रमम् के बरामदे में विरजमान श्री रमण महर्षि

अध्याय दस

अरुणाचल में श्री रमण का बाद वाला समय

"मैंने एक नई खोज की है! यह पर्वत, यह सजीव चुंबक, हर उस व्यक्ति की चलायमानता पर विराम लगा देता है जो इसे अपने मन में रखते हैं, उन्हें यह अपने रू-ब-रू बुला लेता है और फिर अपनी ही तरह उन्हें अचल बना देता है ताकि उनकी आत्मा को परिपूरर्ण कर सके और ऐसा करके उसे पूर्ण विकसित और परिष्कृत कर सके। यह कितना अद्भुत है! हे मनुष्यों! इसे जानो, पहचानो और जियो! सांसारिकता को विनष्ट कर देने वाला ऐसा है यह महान और गौरवशाली अरुणाचल, जो कि हृदय में दीप्तिमान रहता हैं।"

– इलेविन वर्सेज़ टू अरुणाचल, अंक 10

अरुणाचल के चारों ओर चक्कर लगाती हुई एक सड़क है, जो कि ठीक-ठीक हालत में है। श्री भगवान का अपने भक्तों से आग्रह रहता था कि वे उस सड़क से अरुणाचल की प्रदक्षिणा करें और ऐसी श्रद्धा और इतने ध्यानपूर्वक करें जैसे कोई सगर्भा स्त्री पूरे ध्यान से चला करती है। यह प्रदक्षिणा आध्यात्मिक लाभ के साथ-साथ स्वास्थ्य लाभ भी देने वाली होगी क्योंकि इसके आस-पास के क्षेत्र में उगी हुई प्राकृतिक जड़ी-बूटियों ने यहां की वायु को स्वास्थ्यप्रद सुगंधमय वातावरण से भर दिया है।

पवित्र पर्वत अरुणाचल की गिरिप्रदक्षिणा करते भक्तजन।

श्री भगवान भी चौदह किलोमीटर लंबी इस प्रदक्षिणा पर प्रायः तब तक जाते रहे थे जब तक कि वृद्धावस्था के कारण वह इस टहल के लिए अशक्त नहीं हो गए। अब कार्थीगई दीपम् उत्सव की पूर्णमासी पर जब अरुणाचल की चोटी पर दीप-स्तंभ बनाया जाता है तब दस लाख से अधिक लोग इस पथ पर भजन गाते हुए पैदल ही यह प्रदक्षिणा करते हैं।

श्री रमण के अंतिम वर्षों के दौरान भारत की सभी जातियों और सभी धार्मिक संप्रदायों के लोगों के अलावा पश्चिम से भी अनेक गण्य-मान्य लोग उनके दर्शन करने आया करते थे।

श्री भगवान के दर्शन हेतु आने वाले लब्धप्रतिष्ठ पश्चिमी आगंतुको में एक थे लेखक पॉल ब्रंटन। महर्षि के साथ हुई

ब्रंटन की शुरुआती मुलाक़ात का जो वर्णन रमणाश्रम की प्रसिद्ध आध्यात्मिक पत्रिका *द माउंटेन पाथ* में प्रकाशित हुआ था वह यहां प्रस्तुत है:

शाम के साढ़े चार बज चुके थे। आश्रम के हॉल में शिष्यगण महर्षि के सामने बैठे हुए थे और चर्चा समाचार पत्र में छपे उस समाचार के बारे में हो रही थी जिसमें लिखा था कि श्री पॉल ब्रंटन आश्रम आने का इरादा रखते हैं। घड़ी ने जैसे ही पांच बजाए तब एक व्यक्ति ने वहां प्रवेश किया, उने पाश्चात्य परिधान पहने हुए थे और उसके हाथों में मिठाई की थाली थी। आगंतुक ने वह मिठाई महर्षि को भेंट की और फिर भारतीय शैली में नमस्कार करने के बाद वह उनके सामने ही पालथी लगा कर बैठ गया।

यह व्यक्ति लंदन का एक पत्रकार पॉल ब्रंटन था जो कि उन दिनों भारत भ्रमण पर आया हुआ था। पूरब की आध्यात्मिक शिक्षा में उसकी गहरी रुचि थी और उसका मानना था कि इसके ध्यानपूर्वक अध्ययन और इसकी गुण-ग्राहकता से पूरब और पश्चिम के बीच संग-सहयोग को खूब बढ़ाया जा सकता है। अनेक अन्य आश्रमों में हो आने के बाद वह रमणाश्रम आया था। महर्षि के सम्मुख वह मंत्र-मुग्ध अवस्था में बैठे हुआ था। वहां बिल्कुल निस्तब्धता थी। उस निस्तब्धता को उस व्यक्ति ने तोड़ा जो उस आगंतुक को लेकर आया था – आगंतुक से यह पूछते हुए कि क्या वह कुछ पूछना चाहता है।

लेकिन, वह आगंतुक कुछ पूछने की मनस्थिति में नहीं था और डेढ़ घंटा इसी अवस्था में बीत गया। तब, ब्रंटन ने अपने आने का कारण बताया। एक गहन-गंभीर स्वर में उसने कहा कि वह आध्यात्मिक प्रबोधन के लिए भारत आए हैं। अपनी बात पूरी करते हुए उसने कहा, ''केवल अपने लिए नहीं बल्कि पश्चिम के बहुत से लोगों के लिए भी जो कि पूरब के ज्ञान का प्रकाश पाने के लिए लालायित हैं।''

महर्षि पूरी तरह अंतरस्थ ही बैठे रहे और इस सब पर उन्होंने कोई जल्दबाजी नहीं दिखाई। अगले दिन सुबह वह आगंतुक हॉल में आया और उसने बड़ी गंभीरतापूर्वक महर्षि से कुछ प्रश्न पूछे। उस समय उनके बीच हुए वार्तालाप के दौरान लिए गए कच्चे नोट्स में से कुछ विवरण यहां प्रस्तुत किया जा रहा है:

ब्रंटन: पश्चिम में कई लोग ध्यान लगाते हैं लेकिन उन लोगों में कुछ होता तो नज़र नहीं आता।
महर्षि: आप यह कैसे कह सकते हैं कि उनमें कुछ हो नहीं रहा है? आध्यात्मिक वृद्धि आसानी से दृष्टिगोचर नहीं होती है।

ब्रंटन: कुछ वर्ष हुए, मुझे परमानंद की एक झलक मिली थी, लेकिन फिर उसके बाद वाले वर्षों में वह पुनः लुप्त हो गई। पिछले वर्ष मुझे वह फिर से हुई। यह क्या है?
महर्षि: आपने उसे इसलिए खो दिया क्योंकि फिर आपका ध्यान सहज नहीं रह गया था। जब आप स्वभावतः अंतर्मुखी हो जाते हैं तब आध्यात्मिक आनंद एक सामान्य अनुभव बन जाता है।

ब्रंटन: शायद कोई गुरु न होने के कारण ऐसा हो रहा हो?
महर्षि: हां, लेकिन गुरु तो अंदर ही है; वह गुरु जो कि अंतरात्मा के साथ तादात्म्य रूप में रहता है।

ब्रंटन: *ईश्वर-ज्ञान पाने का मार्ग क्या है?*

महर्षि: विचार; स्वयं से यह पूछना कि 'मैं कौन हूं?' – अपने आत्म-स्वरूप को जानने के लिए अपने ही भीतर खोजबीन करना।

ब्रंटन: *क्या महर्षि जानते हैं कि इस कायिक शरीर में कोई अवतार पहले से ही विद्यमान है?*

महर्षि: वह हो सकता है।

ब्रंटन: *ईश्वरत्व प्राप्त करने का सर्वोत्तम तरीका क्या है?*

महर्षि: आत्म-अन्वेषण, आत्म-विवेचन ही आत्म-ज्ञान और आत्म-साक्षात्कार की ओर ले जाने वाले होते हैं।

ब्रंटन: *आध्यात्मिक विकास के लिए क्या कोई गुरु होना आवश्यक है?*

महर्षि: हां।

ब्रंटन: *गुरु के लिए क्या यह संभव होता है कि वह शिष्य को इस मार्ग पर आगे बढ़ने में सहायता कर सके?*

महर्षि: हां।

ब्रंटन: *शिष्य होने के लिए किन बातों का होना आवश्यक है?*

महर्षि: आत्म-ज्ञान के लिए तीव्र अभिलाषा का होना और मन का गंभीर तथा विशुद्ध होना आवश्यक है।

ब्रंटन: *क्या अपना जीवन गुरु के प्रति समर्पित कर देना आवश्यक होता है?*

महर्षि: हां, अज्ञान के अंधकार को दूर करने वाले के प्रति हमें अपना सर्वस्व समर्पित कर देना चाहिए। हमें वह अहं भी समर्पित

कर देना होगा जो कि हमें इस संसार से बांधे रखता है। देहाभिमान को त्याग देना सच्चा समर्पण होता है।

ब्रंटनः क्या गुरु अपने शिष्य के दुनियादारी के मामलों को भी अपने नियंत्रण में ले लेना चाहता है?

महर्षिः हां, सब कुछ।

ब्रंटनः क्या वह अपने शिष्य में वह आध्यात्मिक ज्योति प्रज्वलित कर सकता है जिसकी शिष्य को आवश्यकता होती है?

महर्षिः गुरु उसे वह सब देता है जिसकी उसे आवश्यकता होती है। यह अनुभव से जानने वाली बात है।

ब्रंटनः क्या गुरु के प्रत्यक्ष सान्निध्य में रहना आवश्यक होता है, यदि हां, तो कब तक?

महर्षिः यह तो शिष्य की क्षमता और परिपक्वता पर निर्भर करता है। जैसे, बारूद तो तत्क्षण आग पकड़ लेता है, जब कि कोयले को सुलगने-दहकने में समय लगता है।

ब्रंटनः क्या कामकाजी जीवन बिताने के साथ-साथ आध्यात्मिक मार्ग पर भी आगे बढ़ते रहना संभव है?

महर्षिः कर्म और ज्ञान में कोई द्वंद्व नहीं है, बल्कि निष्काम कर्म तो आत्म-ज्ञान के मार्ग को और भी सरल व सुगम बना देता है।

ब्रंटनः अगर आदमी कामकाज में लगा रहेगा तो फिर उसके पास ध्यान के लिए समय ही कहां बचेगा?

महर्षिः इस बात की आवश्यकता तो किसी आध्यात्मिक नौसीखिए को ही पड़ती है कि वह ध्यान के लिए कोई ख़ास समय अलग से निकाले। इस मार्ग पर आगे बढ़ चुके व्यक्ति को तो हर समय

परमानंद की अनुभूति होती रहती है, भले ही वह किसी कामकाज में लगा हो या न लगा हुआ हो। उसके हाथ भले ही समाज में, संसार में कामकाज करते रहें, लेकिन वह अपने मन-मस्तिष्क के एकांत और निसंगता वाले शांत व संतोष भाव में स्थिर रख सकता है।

इसके बाद और भी कई संवाद हुए और ब्रंटन अपने इस नए गुरु से मिलने कई बार आते रहे। अपनी पुस्तक *ए सर्च इन सीक्रेट इंडिया* में उन्होंने उन अनेक संवादों को शामिल किया जो महर्षि के साथ हुए थे। बाद में उनके अन्य संवादों को रमणाश्रम द्वारा *कॉन्श्यस इम्मॉरटैलिटी* के नाम से प्रकाशित किया गया था।

रमण महर्षि के साथ बैठे पॉल ब्रंटन (दाएं) और एक अन्य भक्त।

महर्षि से मिलने आने वालों में एक और महत्वपूर्ण हस्ती थे सुप्रसिद्ध अंग्रेज़ी उपन्यासकार सोमरसेट मॉम, जो कि पॉल ब्रंटन के मित्र थे। उनके आगमन के बारे में द *माउंटेन पाथ* में प्रकाशित एक लेख का सारांश यहां प्रस्तुत है।

लोकप्रिय अंग्रेज़ी उपन्यासकार
तथा नाटककार
विलियम सोमरसेट मॉम
(1874–1965)

जनवरी 1938 में अंग्रेज़ उपन्यासकार सोमरसेट मॉम कुछ घंटों के लिए रमणाश्रम में पधारे थे। भगवान के साथ हुई इस संक्षिप्त मुलाकात ने मॉम को इतना अधिक प्रभावित कर दिया था कि अपने सर्वश्रेष्ठ उपन्यास *'द रेज़र्स ऐज'* की कथा के काल्पनिक गुरु के लिए उन्होंने महर्षि को एक मॉडल की तरह रखने का निर्णय लिया, जो कि कुछ साल बाद 1944 में प्रकाशित हुआ। मॉम ने अपनी इस मुलाकात को *'द सेंट'* शीर्षक से एक लेख के रूप में भी लिखा जो कि इस मुलाकात के बीस वर्ष बाद 1958 में प्रकाशित हुआ। उस लेख से लिया गया निम्नलिखित उद्धरण भगवान के साथ हुई उनकी मुलाकात का चित्रण करता है।

''उन्होंने (महर्षि ने) स्नेहसिक्त अभिवादन के कुछ शब्द बोले और फिर उस आसन के निकट ज़मीन पर ही बैठ गए जिस पर मैं बैठा हुआ था।

"कुछ पल उनकी सुकोमल और सौम्य दृष्टि मेरे चेहरे पर टिकी रही, और फिर मेरे चेहरे के बजाय एक ख़ास ठहराव के साथ कनखियों से वह मेरे कंधे के परे देखते रहे। उनका शरीर बिल्कुल स्थिर व निश्चल था, लेकिन थोड़ी-थोड़ी देर में वह अपने एक पैर से मिट्टी वाली ज़मीन पर एक थपकी सी दे दिया करते थे। पंद्रह मिनट तक वह इसी प्रकार अचल और स्थिर बैठे रहे थे; बाद में लोगों ने बताया कि वह ध्यानमग्न होकर मुझ पर ध्यान केंद्रित कर रहे थे। फिर जैसे वह होश में आ गए हों — कुछ इस तरह उन्होंने मुझे फिर से देखा। उन्होंने मुझसे पूछा कि क्या मैं कुछ उनसे कुछ पूछना चाहता हूं, या कोई प्रश्न करना चाहता हूं। मैं अपने आपको कमज़ोर और बीमार सा महसूस कर रहा था, और मैंने यह बात उन्हें बता दी; जिस पर वह मुस्कुराए और बोले, 'मौन भी संवाद होता है।' उन्होंने आना सिर थोड़ा उधर धुमाया और फिर वापस अपनी ध्यान-केंद्रित दृष्टि पहले की तरह मेरे कंधे पर टिका दी। किसी ने कोई शब्द नहीं बोला; उस कुटिया में मौजूद अन्य लोग दरवाज़े के पास खड़े रहे और उन्हें देखते रहे। कोई पंद्रह मिनट बाद वह (महर्षि) उठ खड़े हुए, थोड़ा झुके, प्रस्थान करने वाली मुस्कान से मुस्कुराए और अपनी लठिया का सहारा लेकर थोड़ा लंगड़ाते हुए से धीरे-धीरे कुटिया से बाहर चले गए, और उनके पीछे-पीछे उनके शिष्य भी।

आश्रम में आने वाले मेजर चाडविक ने भी बताया है, "स्वामी उस अनंत और असीम पर ध्यान लगाने की आनंदमयी अवस्था तक पहुंच चुके हैं जिसे समाधि कहते हैं। ... मेरे कमरे में मॉम को दर्शन देने के बाद भगवान हॉल में वापस चले गए थे

(जब कि) बाकी लोग उसी कमरे में चाय के लिए रुक गए थे। चाय के बाद, सोमरसेट मॉम ने इच्छा प्रकट की कि वह उस हॉल को देखना चाहता है जिसमें भगवान रहा करते हैं। चूंकि उसने बड़े-बड़े बूट पहने हुए थे इसलिए मैं उसे हॉल की पश्चिम की तरफ़ वाली खिड़की पर ले गया जिसमें से वह कुछ देर तक बड़े चाव से अंदर देखता रहा था और दिमाग में कुछ नोट करता रहा था।'' मॉम के आश्रम में आने के बारे में *टॉक्स विद श्री रमण महर्षि* (टॉक नं. 550) में भी एक संक्षिप्त विवरण उपलब्ध है जो इस कथन के साथ समाप्त होता है: ''वह लेखक (मॉम) प्रश्न पूछने का प्रयास तो कर रहा था लेकिन पूछ नहीं पा रहा था। मेजर चाडविक ने प्रश्न पूछने के लिए उसका उत्साहवर्धन भी किया था, तब श्री भगवान ने कहा, ''हो गया। बात जब हृदय से होती है तो सार की बात हो जाती है। सभी बातों का विलय मौन में ही तो होना होता है।''

एक अन्य आगंतुक थे सुप्रसिद्ध हेनरी कारटियर-ब्रैसन, जो कि फ्रांस की एक मशहूर हस्ती थे और फ़ोटोग्राफ़ी के क्षेत्र में एक विशिष्ट स्थान रखते थे। श्री भगवान जब महासमाधि में जाने वाले थे तब आने वाली पीढ़ियों के लिए इस महान मुनि के फ़ोटोग्राफ़ लेने के निए वह रमणाश्रम आए थे। ये यादगार फ़ोटोग्राफ़ बाद में पुस्तकाकार में प्रकाशित भी हुए। भगवान ने जब शरीर छोड़ा था तब अरुणाचल की ओर जाने वाला एक चमकता उल्का (मिटीयोर) को ब्रैसन ने भी स्पष्ट देखा था।

वास्तव में, श्री भगवान के जीवन काल में अनेक देशों की और हर व्यवसाय की बड़ी-बड़ी हस्तियां और जाने-माने लोग रमणाश्रम आया करते थे जिनमें रामकृष्ण आश्रम के एकनिष्ठ सन्यासियों से लेकर भारत के सत्तासीन राजे-महाराजे भी थे। महात्मा गांधी भी

अपने निकट सहयोगियों को सलाह दिया करते थे कि जब भी कभी उन्हें अपने आध्यात्मिक बल को 'रीचार्ज' करना हो तो वे महर्षि से मिलने जाएं।

लेकिन, जहां बड़ी-बड़ी हस्तियों के आश्रम में आने का लेखा-जोखा रुचिकर रहा है, वहीं जन साधारण से आने वाले स्त्री-पुरुषों द्वारा उनके दर्शन करने आने का विषय भी कम महत्व का नहीं रहा है। उनमें से अनेक तो बाद में उनके घनिष्ठ भक्त बन गए और उनके उपदेशों पर आचरण करते-करते आत्म-साक्षात्कार की अवस्था तक जा पहुंचे। लेखक डैविड गॉडमैन ने ऐसे ही कुछ निकट भक्तों की स्मृतियां अपनी तीन खंड वाली उत्कृष्ट पुस्तक 'द पॉवर ऑफ़ द प्रज़ैंस' में संग्रहित की हैं।

अब हमें श्री भगवान के उन दिनों के स्वास्थ्य के बारे में जानना उचित होगा। वह एक जीवनमुक्त थे और स्थाई रूप से अहंरहित अवस्था को प्राप्त हो चुके थे, जिसका अर्थ है कि किसी भी संभावित शारीरिक रोग के साथ उन्होंने अपना संबंध पूरी तरह त्याग दिया था। अस्थाई रूप से आने वाले इन दुखों, इन पीड़ाओं को वह ऐसा मानते थे जैसे वे किसी और को हो रहीं हैं, जैसे सपने में हो रही हैं, क्योंकि वह तो विदेह हो गए थे – दैहिक चिंताओं से जुड़े नहीं रह गए थे। मोटे तौर पर कहें तो वह प्राकृतिक चिकित्सक (नेचुरोपैथ) बन गए थे। वह पारंपरिक जड़ी-बूटियों वाले उपचार में विश्वास भी रखते थे और उनका उल्लेख भी किया करते थे। वह शाकाहार और दूध के प्रबल पक्षधर थे ताकि मन सात्विक रहे और उनका कहना था कि सात्विक मन ही आत्म-ज्ञान तक ले जाने में सबसे अधिक सहायक होता है।

1948 के अंत में उनकी बाईं कोहनी में एक छोटा सा उभार निकल आया था जो धीरे-धीरे वह बढ़ता गया और फिर उसमें

दर्द भी होने लगा। फरवरी 1949 में पता चला कि वह कैंसर-ट्यूमर है। बड़े आग्रह और आपत्ति के बाद बड़ी मुश्किल से वह उसे सर्जरी द्वारा निकलवा दिए जाने को राजी हुए। दुख की बात यह रही कि उस छोटे से आपरेशन के बाद वह ट्यूमर फिर से हो गया। बड़े-बड़े सर्जन बुलाए गए। उन्होंने बताया कि वह ट्यूमर मैलिग्नैंट प्रकार का था और उसे ऑपरेशन करके निकालना पड़ेगा। ऑपरेशन के बाद में उसका उपचार रेडियम से किया गया, हालांकि वह सार्कोमैटिक था। लेकिन, जब हाथ को ही काट कर अलग कर दिए जाने की बात कही गई तब भगवान का कहना थाः

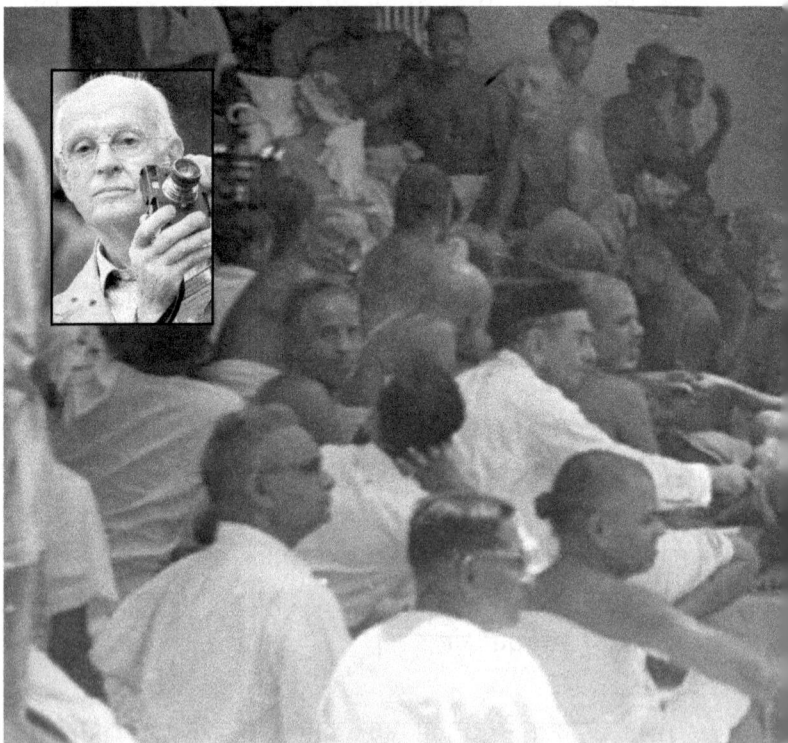

रमण महर्षि के फ़ोटो लेते हुए हेनरी कारटियर-ब्रैसन (इनसैट में) स्वयं एक कैमरे में कैद हो गए ।

''घबराने की कोई बात नहीं है। यह देह स्वयं ही एक रोग है। इसे अपने-आप, स्वाभाविक रूप से ख़त्म हो जाने दो। काहे को इसकी काट-छांट करते हो? जहां यह जख्म सा हुआ है वहां की मरहम-पट्टी करते रहें, बस इतना काफ़ी है।''

भक्त जन जब भगवान के शीघ्र स्वास्थ्य लाभ के लिए प्रार्थना कर रहे थे तब भक्तों की प्रार्थनाओं को फलीभूत करने लिए उनसे आग्रह किया गया। इस पर उन्होंने मुस्कुराते हुए जवाब दिया थाः

"अच्छे कामों में लगना सचमुच अच्छी बात है। उन्हें करने दो। अपने सही समय पर हर चीज़ सही हो जायेगी। यह सब चाहने वाला आख़िर है कौन?" उन्होंने संस्कृत की एक उक्ति का उद्धरण दिया – "कर्मों का फल भोग रही यह देह चाहे आराम करे या फिर इधर-उधर डोलती फिरे, यह जिए या मर जाए – जिस प्रबुद्ध व्यक्ति ने आत्म को जान लिया है, वह इन बातों की चिंता नहीं करता, बिल्कुल उसी तरह जैसे मदिरापान से संज्ञाविहीन हुए व्यक्ति को अपने कपड़ों की परवाह नहीं रहती।"

अपने जीवन के अंतिम दिनों में भी, अपनी शैया पर तेजस्वी रूप में अधलेटे रहते हुए श्री रमण ने अपने भक्तों को दर्शन देना जारी रखा था जो कि सैंकड़ों की संख्या में थे। अपनी महासमाधि से पहले दो दिनों में, जो कोई भी उनके सामने से गुज़रता था उसे वह एक बहुत गहन दृष्टि से देखा करते थे। 14 अप्रैल 1950 को सैंकड़ों भक्त उनके शयन-कक्ष के निकट एकत्र हो गए थे और श्री भगवान द्वारा अरुणाचल की स्तुति के लिए रचित भजन 'अरुणाचल शिवा' को एक वृंदगान को रूप में गाने लगे थे। महर्षि की आंखों से परमानंद के आँसू बहने लगे थे। फिर उनकी अंतिम सांस हौले-हौले चलने लगीं, और अंततः सदा के लिए थम गईं।

प्रत्यक्षदर्शियों ने देखा कि एक द्युति, एक चमक दक्षिण से उत्तर की ओर गई और फिर अरुणाचल की चोटी पर पहुंच कर लोप हो गई। इस घटना को पूरे दक्षिणी भारत ने देखा था और पूरे विश्व के समाचार पत्रों ने इसे रिपोर्ट के रूप में प्रकाशित किया था। भगवान अपने वास्तविक स्वरूप में प्रवेश कर गए थे – ब्रह्मांड के हृदय में। उन्होंने कहा था, "मैं दूर जा रहा हूं? मैं कहां जाऊंगा? मैं तो यहीं हूं, यहीं रहूंगा।"

उनके अधिकांश भक्त जानते हैं कि उनका यह कथन शब्दश: सच है और उनके पुण्यात्मा श्री भगवान केवल एक सुरूप देह नहीं थे जो कि अरुणाचल में चौवन वर्ष तक रहे, बल्कि वह तो सत्-चित्-आनंद की परम विशुद्ध चेतना थे, और अब वह सदा-सर्वदा के लिए अपने उन सभी भक्तों के हृदय में निवास करते हैं जो उन्हें प्रेम करते हैं और उनके उपदेशों पर चलते हैं।

हमारी पृथ्वी को विभूषित करने वाली महान आध्यात्मिक विभूतियों में से एक इस परम गुरु ने, पंचतत्वों की वह देह भले ही छोड़ दी हो लेकिन वह उन सभी के हृदयों में सदा-सर्वदा के लिए उनके सत्गुरु के रूप में, विराजमान रहे हैं जो उन्हें प्रेम करते थे। ऐसे लोगों को अपने इस परम गुरु का मार्गदर्शन भी हमेशा प्राप्त होता रहा है।

श्री रमण महर्षि की समाधि पर भक्त जन श्रद्धांजलि अर्पित करते हुए और ध्यान लगाते हुए।

अरुणाचल के पवित्र पर्वत की ओर जाने वाली सड़क।

अध्याय ग्यारह

अरुणाचल का महत्व

"हे अरुणाचल, जो अपना मन आपको समर्पित कर देता है, और आपके दर्शन करके आपके स्वरूप में सारे ब्रह्मांड के दर्शन कर लेता है, जो हमेशा आपकी स्तुति करता है और आपसे वैसा ही प्रेम करता है जैसा वह आत्म-स्वरूप से करता है, वह आपके साथ तादात्म्य कर लेने और आपके आनंद में लीन को जाने से ऐसा स्वामी हो जाता है जिसका कोई बैरी नहीं होता।"

— अरुणाचल पंचरत्न, अंक 5

इस में कोई संदेह नहीं है कि श्री भगवान के महासमाधि में लीन हो जाने के बाद वह शीघ्र ही सारे विश्व में परम गुरु के रूप में प्रसिद्ध हो गए। उनके देह त्याग के बाद भी उनके भक्तों और आगंतुकों का अरुणाचल में श्री भगवान के आश्रम में भारी संख्या में एकत्र होना जारी है। इसका कारण सीधा-सरल और स्पष्ट है। पहला, तीर्थाटन के हज़ार साल बाद भी अरुणाचल की प्रतिष्ठा एक पवित्र पर्वत के रूप में यथावत बनी हुई है। यह एक ऐसा महान शिवलिंग माना जाता है जिसमें अद्भुत और आश्चर्यजनक आध्यात्मिक ऊर्जा है। इसे उन भक्तों के द्वारा अभी भी महसूस किया जाता है जो इसे पर्वत रूप में भगवान मानते हैं — जैसा कि उनके परम गुरु ने उन्हें बताया है।

109

दूसरा, रमणाश्रम का रखरखाव और प्रबंधन इतने सुंदर ढंग से किया जाता है कि श्री रमण का प्रभाव वहां अभी भी बरकरार है और उनकी उपस्थिति की सूक्ष्म छाप आज भी वहां महसूस की जा सकती है। यह बात उनकी समाधि, मां के मंदिर, नए व पुराने हॉल, स्कंदाश्रम और उन गुफ़ाओं पर तो बिल्कुल सच बैठती है जहां श्री रमण रहा करते थे और उपदेश दिया करते थे।

तीसरा, उनकी शिक्षाओं और उपदेशों के हर पहलू को उनके ही द्वारा हर परिप्रेक्ष्य से बता और समझा दिया गया था। इसके अलावा, गृहस्थ बने रहते हुए भी तथा अपनी जीवन शैली में कोई बदलाव लाए बिना भी उन पर आसानी से चला जा सकता है – चाहे आपकी कोई सी भी नागरिकता हो या आप किसी भी देश में रहते हों। आत्म-अन्वेषण या आत्म-विवेचन को सब के लिए खोल देना उनका बहुत महत्वपूर्ण और एकदम नया तरीका था जो कि असंख्य लोगों को बहुत सहज लगा। जैसा कि उन्होंने कहा भी है कि आत्म-ज्ञान का यह अचूक और बिलकुल सीधा रास्ता है।

प्रचुर प्राकृतिक सौंदर्य से भरपूर अरुणाचल एक अद्भुत स्थान है। इसकी मरकत मणि जैसी हरियाली का रखरखाव बड़े जतन से किया जाता है। यहां अनेक चुनिंदा पेड़ों और झाड़ियों को बड़ी सूझबूझ के साथ लगाया गया है और खूब आवाजाही वाले पैदल-पथों की देखभाल और मरम्मत अच्छी तरह की जाती है। गुफ़ाओं और भवनों की देखभाल भी अच्छी तरह की जाती है और उनकी पवित्रता व शुद्धता को अक्षुण्ण रखा गया है। सुंदर-सुंदर पक्षी और वन्य जीव यहां बहुतायत में हैं। अरुणाचल आते समय बीच में तिरुवण्णामलै नगर पड़ता है जिसमें एक भव्य और विशाल शिव मंदिर है, चहल-पहल से भरा बाज़ार है। वह मंदिर अभी भी दक्षिण भारत के सबसे अधिक पवित्र मंदिरों में से एक माना जाता है।

इसके अलावा, अरुणाचल आज भी उन लोगों को आत्म-ज्ञान प्रदान करने का पौराणिक वचन पूरा करता है जो अपने अंतरतम से उसे पूज्य मानते हैं।

इस प्रकार, अरुणाचल और महान सार्वभौमिक शिक्षाओं से ओतप्रोत रमण महर्षि का निष्कलंक तथा दिव्य जीवन, कुल मिलाकर, अभी भी पूरे विश्व से भक्तों की निरंतर बढ़ती संख्या को आकर्षित करने में एक सशक्त चुंबक का काम करते हैं।

भक्तों की इतनी बड़ी संख्या को रहने का स्थान देने के लिए आश्रम ने ठहरने के लिए नए भवन भी बनवाए हैं तथा भोजन कक्ष को और भी बड़ा कर दिया है। आने वाली पीढ़ियों के लिए श्री रमण के जीवन तथा उनकी शिक्षाओं के सभी ज्ञात अभिलेखों को संभाल कर रखने के वास्ते एक बहुत ही सुंदर स्वरूप वाला अभिलेखागार बनाया गया है।

आश्रम के पुस्तकालय में उपनिषद तथा वैदिक साहित्य के विशाल भंडार के साथ-साथ रमण महर्षि का निरंतर बढ़ता साहित्य भी भरपूर है जिसे आश्रम का पुस्तक-आगार आगंतुकों को बांटता और बेचता है। यहां एक डिस्पैंसरी भी है जो आगंतुकों और बस्ती के निवासियों को चिकित्सा तथा दवाओं की सुविधा मुफ़्त प्रदान करती है।

महान तमिल कवि मुरुगनर ने श्री भगवान की कृपा से आत्म-ज्ञान प्राप्त किया था। उन्होंने बड़े सुंदर शब्द व शैली में श्री भगवान की व्यापक शिक्षा के सम्मान में एक लंबी कविता लिखी थी जिसके वंदन में उन्होंने इस प्रकार वर्णन किया...

गारलैंड ऑफ़ गुरु'ज़ सेइंग्स ...

"सागर-मेखला में आबद्ध वसुधा की
कठोर और लंबी तपस्या हुई सफल है,
अपने विशुद्ध स्वरूप में तेजोमय शिव स्वयं
मानव देह में, गुरु रमण रूप में हुए अवतरित हैं
प्रज्ञान का अविरल निर्झर
मिला हमें है
आओ करें हृदय में अपने,
वंदना उन पावन चरणों की।"

अरुणाचल और अरुणाचलेश्वर राजागोरपुरम् का प्राचीन दृश्य।

परिशिष्ट एक

श्री रमण महर्षि की
प्रमुख शिक्षाएं

महर्षि की शिक्षाओं का आधार-तत्व है ईश्वर के प्रति, आत्म या गुरु के प्रति पूरी निष्ठा से समर्पण करना और इसके साथ-साथ आत्म-विचार या आत्म-विवेचन करना — यही है उनका आत्म-ज्ञान का सीधा रास्ता।

मोटे तौर पर कहें तो श्री भगवान हमें बताते हैं कि सत्-चित्-आनंद वाली अमर आत्मा हम सब में, हर एक के अंदर पहले से ही विद्यमान है। समस्या यह है कि हम 'उस' को, यानी अपने वास्तविक स्वरूप को, सारभूत 'मैं हूं-पन' को पहचान ही नहीं पाते हैं क्योंकि हमें अपने अहंकारी मन की अनेकानेक छिपी हुई प्रवृत्तियों और आदतों के पर्दों के पार दिखाई नहीं देता है। हमारी ये प्रवृत्तियां और आदतें दर्पण की तरह काम करती हैं और संसार के सपनों को तथा इस देह व मन को आगे करती रहती हैं। जो हम हैं उसे जानने में हमारी विफलता का असली कारण है अपनी देह और अपने मन के साथ हमारा तादात्म्य कर लेना, उनके साथ स्वयं को अभिन्न कर लेना, स्वयं को वही मान बैठना। ईश्वर के प्रति या आध्यात्मिक हृदय में बसे सतगुरु के प्रति अपने

परम गुरु – श्री रमण महर्षि

अहंकारी मन को समर्पित कर देने से, निष्ठा से और निरंतर आत्म-विचार में लगे रहने से यह धुधंलका धीरे-धीरे लेकिन बड़ी खूबसूरती से छंटता जाता है, और हमारा यह तादात्म्य होना तब तक घटता जाता है जब तक कि हमें अमर आत्मा के दर्शन नहीं हो जाते। यही है परम-आत्मा की पूरी ऊर्जा; और इसे जाना जा सकता है; यह संसार हमें वास्तव की तरह इसलिए दीखता है क्योंकि अधःस्तर को ही ब्रह्म समझ लिया जाता है।

'शुद्ध सत्व' श्वेत मयूर

परिशिष्ट दो

'शुद्ध सत्व' मयूर

अप्रैल 1947 की बात है, एक दिन श्री रमण महर्षि के लिए बड़ौदा की रानी की ओर से आश्रम के लिए एक सफ़ेद मोर भेंट स्वरूप लाया गया। पहले तो महर्षि के मन में यही आया कि इसे वापस भेज देना ठीक रहेगा, इसलिए उन्होंने कहा, "यहां पहले से ही दस-बारह रंगीन मोर हैं, क्या वे काफ़ी नहीं हैं? वे इस पर हमला कर सकते हैं क्योंकि यह उनसे अलग तरह का है ... बेहतर यही रहेगा कि यह जहां से आया है इसे वहीं भेज दिया जाए।"

लेकिन जो आदमी इस सफ़ेद मोर को लाया था वह उसे वहीं छोड़ कर जा चुका था। एक बार यह मोर कहीं भाग गया और कृष्णस्वामी, जिन्हें कि उसकी देखभाल का काम सौंपा गया था, वह उसे पकड़ कर वापस लाए। श्री रमण ने अपना एक हाथ मोर की गर्दन पर रखा और दूसरे हाथ से उस पर थपकी देते हुए उसके हृदय स्थल तक ले जाते हुए, ऐसे बोले जैसे उस मोर को डांट रहे हों, "तुम बहुत शैतान बच्चे हो, तुम कहां चले गए थे? अगर तुम इस तरह इधर-उधर भागते रहोगे तो हम तुम्हारी देखभाल कैसे करेंगे? तुम यहीं रहा करो न!"

तब से वह सफ़ेद मोर वहीं आसपास ही घूमता रहता था, और कभी-कभी तो आश्रम में बनी कॉटेजों के अंदर चला आता था। एक दिन दोपहर को देखा गया कि वह मोर एक कक्ष में रेडियो के बराबर बैठा उसे सुन रहा है और उसकी आंखें ऐसे बंद थीं जैसे वह ध्यान में बैठा हो। किसी ने कहा कि वह संगीत को बहुत ध्यान से सुन रहा है, तब महर्षि ने बताया, "मोरों को संगीत बहुत प्रिय होता है, ख़ास तौर पर बांसुरी से निकलती स्वर लहरी तो उन्हें बहुत प्रिय लगती है।" किसी ने कहा कि हालांकि यह मोर सफ़ेद है लेकिन दूसरे मोर अधिक सुंदर हैं।

इस पर श्री रमण ने कहा, "हां, उन मोरों के रंग बहुत सुंदर है लेकिन इस मोर का अपना ही अलग सौंदर्य है। यह बिल्कुल सफ़ेद है और किसी भी रंग का इसमें कोई रेशा तक नहीं है। इसका अर्थ हुआ कि यह 'शुद्ध सत्व' है, सात्विक गुण के अलावा इसमें किसी भी और गुण का समावेश नहीं है। देखो, अगर वेदांत की दृष्टि से देखें तो यह मोर भी एक उदाहरण हो सकता है। अन्य मोरों में भी जन्म के समय बहुत सारे रंग नहीं होते। उनमें केवल एक ही रंग होता है। जैसे-जैसे वे बड़े होते जाते हैं, उनके रंग बढ़ते जाते हैं। जब उनकी पूंछ बढ़ने लगती है तो उस पूंछ में बहुत सारी आंखें बनी होती हैं। देखो, कि कितने सारे रंग और कितनी सारी आंखें हो जाती हैं उनमें! हमारा मन भी बिल्कुल ऐसा ही है। जन्म के समय उसमें कोई विकार, कोई विकृति, कोई दुष्टता नहीं होती, लेकिन बाद में मोरों के रंगों की तरह ही उसमें बहुत सी हरकतें और मानसिकताएं घर करती चली जाती हैं।"

कई भक्तों का कहना था कि यह सफ़ेद मोर दरअसल माधव स्वामी का पुनर्जन्म है जो कि श्री रमण की लंबे समय तक सेवा करने वाले परिचारकों में से एक था और जिसकी मृत्यु

12 जुलाई 1946 को हो गई थी। वह सफ़ेद मोर जब भी कभी हॉल में आता था तब वह शैल्फ़ों पर रखी हुई किताबों को ऐसे देखता था जैसे उनका निरीक्षण कर रहा हो। किताबों का रखरखाव का काम माधव स्वामी के प्रमुख कामों में शामिल था। जिन किताबों की माधव स्वामी ने मरम्मत की थी और जिल्द बांधी थी, उन पर वह मोर अक्सर अपनी चोंच मारता था लेकिन अन्य किसी किताब को छूता भी नहीं था। इसके अलावा, माधव स्वामी जब जीवित थे तब वह दरवाज़े के पास बनी बैंच पर बैठा करते थे, और अब वह सफ़ेद मोर भी आकर उसी बैंच पर बैठा करता था।

श्री रमण अक्सर स्वयं उस मोर को प्यार से 'माधव' बुलाने लगे थे। जी. वी. सुब्बरमैया ने अपने पुस्तक *'श्री रमण रेमिनेंसेंसेज़'* में लिखा है, "20 जून 1947 को मैंने 'सफ़ेद मोर' पर तेलगु में आठ छंद लिखे थे – *'मयूर वृत्तम्'*, और उन्हें श्री भगवान को जुबली पंडाल में भेंट किया था। उन्हें पढ़ कर वह बहुत प्रसन्न हुए और श्रीमती ललिता वेंकटरमण को वह कविता सौंपते हुए उन्होंने सुझाव दिया कि वह उन्हें अपने वीणा वादन के साथ गाएं। आधा घंटे के अंदर ही वह अपनी वीणा ले आईं और गाने के लिए तैयार हो गईं। उस वह समय सफ़ेद मोर वहां नहीं था। इस पर श्री भगवान ने कहा, 'लेकिन उस हीरो को तो यहां होना ही चाहिए ताकि वह अपनी प्रशंसा में गाए जाने वाले गीत को सुन सके।'

"और तभी वह मोर पंडाल की छत से कूद कर आ उपस्थित हुआ। जब ललिता वेंकटरमण ने गाना शुरू किया तो उसने अपने पंख फैला लिए और नाचना शुरू कर दिया। श्री भगवान बैठे हुए अपनी दीप्तियुक्त आंखों से उसे देखते रहे। गायन जब समाप्त हो गया तो वह मोर वीणा के पास गया और उसके तारों पर अपनी चोंच मारने लगा। इस पर श्री भगवान ने कहा, 'माधव चाहता है

कि तुम इस गीत को एक बार फिर गाओ।'' तब ललिता ने एक बार फिर गाना शुरू किया और मोर भी फिर से नाचने लगा। यह एक ऐसा दृश्य था जिसे देवता भी देखते रह जाएं।''

स्रोतः शरणागति – ई-न्यूज़लैटर, जनवरी 2010, खंड 4, अंक 1, लैटर्स फ्रॉम रमणाश्रम – सूरी नागम्मा, श्री रमण रेमिनिसेंसेज़ – जी. वी. सुब्बरमैया।

परिशिष्ट तीन

आश्रम के कार्यकलाप

भगवान की समाधि यहां दैनिक पूजा का केंद्र बिंदु रहती है। इसके अलावा किसी विशेष अवसर और त्यौहार पर भजन-कीर्तन, ध्यान, पूजा और सभा भी वहीं होती है।

मां के मंदिर में उपासना, ध्यान और विशेष अवसरों पर पूजा हुआ करती है।

पुराने हॉल को ध्यान के लिए इस्तेमाल किया जाता है।

यहां के बुक-स्टोर में अलग-अलग साठ शीर्षकों के अंतर्गत बड़ी मात्रा में रमण साहित्य, सीडी, डीवीडी, स्मारिकाएं और फ़ोटोग्राफ़ उपलब्ध हैं। इनके अलावा महर्षि द्वारा अनुशंसित प्रमुख अद्वैत ग्रंथ तथा आश्रम की ख्याति प्राप्त पत्रिका *'द माउंटेन पाथ'* भी यहां से खरीदे जा सकते हैं।

स्कंदाश्रम को जाने वाले मार्ग का रखरखाव अच्छी तरह किया जाता है ताकि भक्त लोग अरुणाचल पर उतना ऊपर तक चढ़ सकें जितना कि वे अपने लिए सही व सुरक्षित समझें।

प्रदक्षिणा पथ पर स्पष्ट संकेत बनाए गए हैं और उसका नक्शा भी उपलब्ध है।

गोशाला

आप आश्रम की गोशाला देखने जा सकते हैं जहां बड़ी संख्या में गायों को रखा जाता है। यही गोशाला रसोई के वास्ते दूध उपलब्ध कराती है।

वेद पाठशाला

यह *'यजुर्वेद'* नाम का स्कूल है जहां कि वेदों का अध्ययन करने वाले किशोर छात्र, पुजारी बनने का परंपरागत प्रशिक्षण प्राप्त करते हैं। यहां वे पूजा में रोज़ाना संस्कृत में वेदों का सस्वर पाठ करते हैं।

दोपहर बाद, रमण साहित्य के चुनिंदा अंशों का अंग्रेज़ी और तमिल में पाठ किया जाता है।

पुस्तकालय

श्री रमण सेंटेनरी लायब्रेरी में 30,000 से अधिक पुस्तकों का भंडार है और विभिन्न भाषाओं की पत्रिकाओं के नवीनतम अंक यहां आगंतुकों के लिए उपलब्ध रहते हैं।

औषधालय

आगंतुको, आश्रम-निवासियों तथा स्थानीय लोगों के लिए यहां मुफ़्त चिकित्सा सेवा उपलब्ध है।

अरुणाचलेश्वर

तिरुवण्णामलै की मंडी के मध्य में स्थित यह भव्य शिव मंदिर आगंतुकों के लिए, पूजा तथा उत्सवों के लिए खुला रहता है।

दैनिक कार्यकलाप

इसकी शुरुआत सुबह-सबेरे से हो जाती है और एक निश्चित व निर्धारित रूप में चलती है:

प्रातः

6.45 — दूध और नाश्ता

8.00 — संस्कृत वेदपारायण

10.00 — प्रातःकालीन पूजा

11.30 — भोजन

दोपहर बाद

4.00 — चाय या तमिल ग्रुप पठन-पाठन

4.30 — इंग्लिश ग्रुप पठन-पाठन

5.00 — संस्कृत वेद पारायण

6.15 — संध्याकालीन पूजा

6.30 — तमिल पारायण

7.30 — रात्रि भोज

आज का रमणाश्रम, तिरुवण्णामलै, तमिलनाडू में प्रमुख माना जाता है।

संदर्भ-ग्रंथ सूची

सैल्फ़ रियलाइज़ेशन – बी. वी. नरसिम्हा स्वामी

अरुणाचल रमण, बांउडलैस ओशन ऑफ़ ग्रेस – कैप्टेन नारायण, 8 खंड

श्री महर्षिः ए शॉर्ट लाइफ़ स्कैच – एम. एस. कामथ

रमण महर्षिः ए लाइफ़ – गैब्रिल एबर्ट

साधू'ज़ रेमिनिसेंसेज़ ऑफ़ रमण महर्षि – साधु अरुणाचल (मेजर ए. डब्लू. चाडविक)

लिविंग बाई वर्ड्स ऑफ़ भगवान – डैविड गॉडमैन

द पॉवर ऑफ़ प्रज़ैंस – डैविड गॉडमैन, 3 खंड

लैटर्स फ्रॉम रमणाश्रमम् – सूरी नागम्मा

ए प्रैक्टिकल गाइड टू नो यौरसैल्फ़ एंड कन्वर्सेशन विद श्री रमण महर्षि – ए. आर. नटराजन

टॉक्स विद रमण महर्षि – रमण महर्षि संकलन

टॉक्स विद रमण महर्षि: ऑन रियलाइज़िंग एबाइडिंग पीस एंड हैप्पीनैस

गुरु रमण – एस. एस. कोहन

मोमैंन्ट्स रिमैम्बर्ड: रेमिनिसेंसेज़ ऑफ़ भगवान रमण – वी. गणेशन

लिविंग विद मास्टर – कुंजुस्वामी

श्री रमण रेमिनिसेंसेज़ – जी. वी. सुब्बरमैया

फ़ेस टू फ़ेस विद रमण महर्षि – प्रो. लक्ष्मी नारायण

फ़ाइव हिम्स टू श्री अरुणाचल – श्री रमण महर्षि

ये सभी तथा अन्य अनेक पुस्तकें श्री रमणाश्रमम् बुक डिपो पर उपलब्ध हैं।

आभार

रमणाश्रमम् के अध्यक्ष श्री वी. एस. रमणन को, जिन्होंने रमण महर्षि की कॉपीराइट वाली सामग्री को इस जीवनी में प्रयोग करने की अनुमति देने की अनुकंपा की।

गौतम सचदेव को, इस जीवनी को लिखने का सुझाव देने और तमाम अन्य मददगार सुझावों के लिए।

जॉन मेनार्ड तथा श्री रमणाश्रमम् आरकाइव सैंटर के अन्य सदस्यों को, जिन्होंने इस पुस्तक को सचित्र बनाने के लिए फ़ोटोग्राफ़ तलाशे और उपलब्ध कराए।

श्री शिव शर्मा को, उनके संपादन व डिज़ाइन सहयोग के लिए।

इस पुस्तक के प्रकाशन में देव वरयानी ने जो अपना उदार सहयोग दिया है, उसके लिए प्रकाशक उनके प्रति अपना आभार व्यक्त करते हैं।

For further details, contact:
Yogi Impressions Books Pvt. Ltd.
1711, Centre 1, World Trade Centre,
Cuffe Parade, Mumbai 400 005, India.

Fill in the Mailing List form on our website
and receive, via email, information on
books, authors, events and more.
Visit: www.yogiimpressions.com

Telephone: (022) 61541500, 61541541
E-mail: yogi@yogiimpressions.com

Join us on Facebook:
www.facebook.com/yogiimpressions

ALSO PUBLISHED BY YOGI IMPRESSIONS

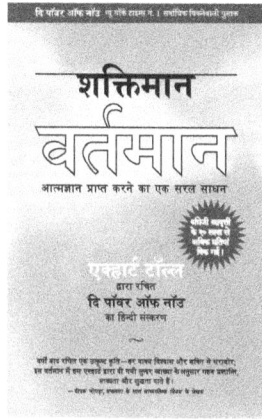

The Sacred India Tarot
Inspired by Indian Mythology and Epics
78 cards + 4 bonus cards + 350 page handbook
The Sacred India Tarot is truly an offering from India to
the world. It is the first and only Tarot deck that works
solely within the parameters of sacred Indian mythology –
almost the world's only living mythology today.

www.ingramcontent.com/pod-product-compliance
Lightning Source LLC
Chambersburg PA
CBHW072023040426
42447CB00009B/1703
* 9 7 8 9 3 8 2 7 4 2 3 6 4 *